◆女作家画传书丛◆

林徽因画传

郭娟 / 主编

丁言昭 章洁思 / 著

花城出版社
中国·广州

图书在版编目（CIP）数据

林徽因画传 / 丁言昭，章洁思著．－－广州：花城出版社，2023.1
（女作家画传书丛 / 郭娟主编）
ISBN 978-7-5360-9666-0

Ⅰ．①林… Ⅱ．①丁… ②章… Ⅲ．①林徽因（1904-1955）－传记－画册 Ⅳ．①K826.16-64

中国版本图书馆CIP数据核字(2022)第216705号

出 版 人：张 懿
责任编辑：杨柳青 周思仪 林佳莹 邹蔚昀
技术编辑：凌春梅
封面插画：马晓晴
封面设计：童天真

书　　名	林徽因画传 LIN HUI YIN HUAZHUAN
出版发行	花城出版社（广州市环市东路水荫路11号）
经　　销	全国新华书店
印　　刷	深圳市福圣印刷有限公司（深圳市龙华区龙华街道龙苑大道联华工业区）
开　　本	880毫米×1230毫米 32开
印　　张	7.5　10插页
字　　数	128,000字
版　　次	2023年1月第1版　2023年1月第1次印刷
定　　价	59.80元

如发现印装质量问题，请直接与印刷厂联系调换。
购书热线：020-37604658　37602954
花城出版社网站：http://www.fcph.com.cn

林徽因画传

目录

第一章 父亲的好女儿

一　懂事的徽徽
002

二　康桥之恋
006

三　情定故都
013

四　苍松竹梅三友图
019

五　大洋彼岸的婚礼
024

六　欧洲的蜜月旅行
030

七　到东北教书去
038

第二章 剪不断 理还乱

一　再遇诗人
046

二　斯人已去
054

三	日记究竟拿到没有
	066
四	爱即关怀
	077
五	太太客厅
	085
六	梁家添一丁
	091

第三章　创作才能

一	诗人之魂
	100
二	创作之路
	109
三	美术细胞
	114
四	诗意·美意·建筑意
	118
五	1933年的野外考察
	125

六 　晋汾之游
130

七 　多事的1935年
143

八 　书信常来往
147

第四章　醉心于中国建筑史研究

一 　到河南、山东考察
152

二 　抗战前的最后一次考察
155

三 　离开已沦陷的北平
159

四 　在昆明
164

五 　贫病交加
171

六 　雪中送炭
177

七 　我国第一本《中国建筑史》
181

第五章　不老的女神

一　与美国朋友重逢
188

二　胜利之后
193

三　重返北平
200

四　手术前后
207

五　来了一位姑娘
213

六　国徽、人民英雄纪念碑
222

七　保护老城墙
227

八　景泰蓝啊景泰蓝
231

九　骄傲的女神
234

第一章 父亲的好女儿

1916年，林徽因在北京

一　懂事的徽徽

1904年6月10日，林徽因生于浙江杭州陆官巷的祖父家里。

林徽因的祖籍是福建闽县，今福州市。据《诗经》典，取名徽音。后来，为了与另一男性作家林微音的名字区别，于1935年开始，发表作品时改为林徽因。

林徽因的乳名叫徽徽，西名叫菲莉斯（Phyllis），另外有徽（Whei），是专用于亲密的外国友人中的昵称。

祖父林孝恂，字伯颖，前清翰林，授翰林院编修。是孙中山早年的追随者。后任浙江金华、海宁、孝丰、仁和、石门等州县地方官。他能接受西方政治思想，曾经在杭州设立家塾，分国学和新学两斋，教育子侄。他思想开明，注重教育，不分男女，送子侄多人到日本留学。

林孝恂与妻子游氏生育了7个孩子，长子是林长民。

林徽因的父亲林长民生于1876年，字宗孟，幼年师从林纾学习国学，中秀才后放弃举业，入杭州语文学校攻读英文和日文。两度赴日留学，第一次是在1906年，不久复回杭，在杭州东文学校毕业后，再度赴日，专攻政治法律，毕业于日本早稻田大学。1910年，林长民与留日同学刘崇佑创办福州私立法政学堂，林长民任校长。辛亥革命后，林长民活动于上海、南京、北京等地，先后任南京临时政府参议院秘书、众议院秘书长、北京国务院参事、北京司法总长、巴黎和会观察员、国宪起草委员会委员长等职。1919年巴黎和会山东问题失败，撰短讯稿刊于北京《晨报》，有"山东亡矣"句警醒国民，第三日即爆发五四运动。林长民除参加政治活动外，诗文、书法皆享誉一时。

林长民的第二任妻子是何雪媛。何雪媛是浙江嘉兴人，没有文化，她的父亲是小作坊主。她为林家生了二女一子，儿子死在襁褓中，一个女儿在孩提时代夭折，最后只剩下林徽因。何雪媛逝世于1972年。

1909年，林家迁居到杭州蔡官巷一座大宅院。林徽因和祖父、祖母、姑母们、表姐妹们住在一起，由大姑母林泽民教他们读书。林徽因年龄最小，上课时似乎不太用心听，叫她背书时却无不成诵。大姑母为人宽厚和蔼，待林徽因胜如生母。才5岁的小女孩，被成人包围着，没有父亲和兄弟姐妹，林徽因是个早熟的孩子。

1911年，祖母游氏因心脏病去世，从此，林徽因承担杭州家庭与在外父亲的通信等事情。当时林长民正赴上海、南京、北京等地宣传辛亥革命。

1912年，家由杭州移居上海。1913年，何雪媛和林徽因的妹妹麟趾从上海到北京，与林长民同住在前王公厂旧址。林徽因留沪照顾年迈的祖父，并教堂弟认字。1914年，林徽因随祖父赴京，不久，祖父林孝恂因胆石症去世。

林家因长子没有长孙，于是，林长民娶了妾侍程桂林，是个上海人。她很快为林家生了1个女儿和4个儿子，这给何雪媛和林徽因的生活，蒙上了一层阴影。

北京的家很大，前面有一个大院，是林长民与程桂林及孩子们的居所，而林徽因和母亲住在后边一个比较小的院子里。

袁世凯称帝后，全家迁居天津英租界红道路，林长民仍然留在北京。不久，林长民带着全家由天津返回北京。林徽因与表姐们入英国教会办的培华女子中学读书。1917年，张勋复辟，全家迁居天津，只有林徽因留京。后来，林徽因同叔叔林天民、众姑母和堂姐妹们先后到天津。此时，林长民在北京任司法总长，时时想念在天津生病的程桂林，就让林徽因每天寄快信给他，报告夫人的情况。这年8月，举家由天津回到北京。

1918年3月24日，林长民与汤化龙、蓝公武赴日游历，原来准备带林徽因同去，后未去成。这年，林徽因14岁，已经能够替父亲编辑家藏字画目录。懂事的林徽因，时常帮助家里料理家务，经常得到父亲的褒奖。

　　林徽因 16 岁那年，林长民官场失意，在国内深受排挤，没办法，他只好决定赴英讲学，借此放松一下浑身紧绷的神经。林徽因深得父亲的厚爱，因此，也紧随父亲去了英国。

二　康桥之恋

1920年，林徽因于伦敦

1920年春天，林徽因跟父亲来到英国。自8月至9月，随父亲游历了法国、瑞士、意大利、德意志、比利时等国。9月下旬，以优异的成绩考入伦敦St.Mary's College，即圣玛丽学院学习。就在这一年的10月上旬，林徽因认识了徐志摩。

1920年,徐志摩说:"我第一次会着他是在伦敦国际联盟协会席上,那天林宗孟先生演说,他做主席;第二次是宗孟寓里吃茶,有他,以后我常到他家里去。"林宗孟即林长民。

让我们回过头来看看林徽因是在怎样的心理状态下,与徐志摩相识的。

在英国,父亲担任"国家联盟"的中国"国际联盟同志会"的理事,工作很忙,林徽因常常一个人待在家里。

就在这种情形下,林徽因认识了前来拜访林长民的徐志摩。

其时,徐志摩24岁,已经为人父。

1920年,林徽因与父亲林长民在伦敦

1915年10月29日，徐志摩与16岁的张幼仪结婚。结婚后，徐志摩继续外出读书，先后来到天津北洋大学、北京大学等处学习。1918年，经张君劢的引荐，徐志摩拜梁启超为师；也就在这一年，徐志摩与张幼仪的儿子出生，小名叫阿欢，大名叫积锴。阿欢长大后，成为交通大学土木工程学士，后到美国留学，就读于哥伦比亚大学研究院。

梁启超很喜欢徐志摩这个学生，安排他赴美留学，1918年8月14日，徐志摩从上海启程赴美自费留学。梁启超本希望他成为政治家，回国改良社会，不想徐志摩这一去，却转途英国追随罗素，结交了好多英国的作家和艺术家，特别是在康桥（剑桥大学）读书的诗意生活，引发了他诗人的天性。从此，他放下课本，捧起雪莱，开始培育浪漫情怀。

林徽因说，"一开始，不用说他和我父亲最谈得来，虽然他们年岁上差别不算少，一见面之后便互相引为知己"。

林长民与徐志摩属于同一类人，两人可谓"一见钟情"。徐志摩经常到林家，林长民对他非常欣赏。他们一起聊天，有一次还用徐志摩家乡话来聊天。因为林长民的父亲曾经做过海宁的地方官，林长民也稍微能听懂一点海宁话。

1925年12月24日，林长民死于郭松龄之役。1926年2月6日，徐志摩在自己编辑的《晨报副刊》上刊出林长民的《一封情书》。

徐志摩到林家去，原先的属意在于父亲而不是女儿，但很快，徐志摩就发现了这个纤瘦的小姑娘身上有种罕见的纯洁和美丽。而林徽因也终于在寂寞阴暗的日子里，找到了一个"浪漫聪明"、肯同她谈话并愿意关爱她的人。林徽因的活泼、敏锐的洞察力、对文学的爱好，都使徐志摩倾倒，他坠入了爱河。林徽因年龄还小，几乎还不懂得爱情，只是做着少女的梦。林徽因无论在精神上、思想上，还是在生活体验上，都处于与徐志摩完全不能对等的地位，因此也就不可能产生相应的感情。

徐志摩来到林家，林徽因还是感到很开心。他们有时在屋里聊天，有时到外边散步。他们踩着朦胧的月色，穿过轻薄的夜雾，在剑桥河畔肩并肩地走着，教堂的钟声，在他们身后缓缓响起。

徐志摩在林徽因面前，是一个博学多才、朝气蓬勃的诗人，娓娓动听的言语，就像那剑桥的河水一样，滔滔不绝。林徽因写的《那一晚》，真实地传递了那个浪漫夜晚的感觉：

> 那一晚我的船推出了河心，
> 澄蓝的天上托着密密的星。
> 那一晚你的手牵着我的手，
> 迷惘的星夜封锁起重愁。
> 那一晚你和我分定了方向，

> 两人各认取个生活的模样。
> 到如今我的船仍然在海面飘,
> 细弱的桅杆常在风涛里摇。
> 到如今太阳只在我背后徘徊,
> 层层的阴影留守在我周围。
> 到如今我还记着那一晚的天,
> 星光、眼泪、白茫茫的江边!
> 到如今我还想念你岸上的耕种,
> 红花儿黄花儿朵朵的生动。

徐志摩与林徽因的接触日益频繁,见面时谈诗艺,谈书法,相偎相伴出入剧场、舞厅。徐志摩既倾心于林徽因,但又痛苦地意识到自己已是有妻儿的人了,他必须在两者之间做出郑重选择。

徐志摩在信中恳切地希望妻子到英国来陪读。1920年,张幼仪出国与丈夫团聚,先到马赛,再到伦敦。

徐志摩和张幼仪住在伦敦郊区一个叫沙士顿的山村里。徐志摩带她到巴黎买了洋装,两人拍了唯一的合影照,给徐志摩的父母寄去。每天,徐志摩去剑桥上课,张幼仪则外出补习英语和德语,因为她将去德国留学。

那些日子里,林徽因和徐志摩两人书信来往很频繁,两人见面后再分手时更是难舍难分。每次收到徐志摩的信,林徽因的心就会狂奔乱跳。

徐志摩是1922年3月在德国柏林和张幼仪协议离婚的。证人是吴经熊和金岳霖。胡适在《追悼志摩》一文中写道："他正式向他的夫人提出离婚，他告诉她，他们不应该继续他们的没有爱情没有自由的结婚生活了。"

一筹莫展的张幼仪只得向在巴黎的二哥求救。她怀着身孕，一个人从英国到巴黎，住了一阵后，又去德国，于1923年2月24日生下次子德生，小名叫彼得。1925年，彼得3岁时，死于腹膜炎。徐志摩与张幼仪离婚后，徐志摩的双亲不忍其媳离开徐家，认她为寄女。

张幼仪在德国学业有成，回国后，在上海开办云裳时装公司、上海女子商业储蓄银行等，后来还当过民社党的执行委员，兼财务部长。1949年，张幼仪移居中国香港，1953年8月，在东京与中医苏季子结婚。张幼仪于1988年去世。

张幼仪不恨陆小曼，却对林徽因耿耿于怀，她认为她的退出是因为林徽因。但林徽因却放弃了这段感情，致使后来的徐志摩方寸大乱，一步步朝错误里走去，乃至最后的死都和她脱不了关系。

林徽因能在关键的时候选择斩断情丝，固然展现出她在感情上理智成熟的一面，但徐志摩为她离婚却是不可改变的事实，林徽因终其一生都无法摆脱内心深处的愧责。

关于这件事情,徐志摩的近亲陈从周在20世纪80年代末,才讲给一位现代文学研究者孙琴安听。陈从周说:"上次你提这个问题,我没告诉你,是因为林徽因的两个姑妈还活着,现在她的姑妈已去世,我可以告诉你了。"他说:"徐志摩与张幼仪离婚后要与林徽因结婚,林徽因是同意的,她的父亲也不反对,但她的两个姑妈却不同意。她们有些封建思想,认为林徽因是名门之女,又是林家的长女,如果与刚离了婚的徐志摩结婚,那就等于像填房一样,有辱林家的门面和名声。正是由于两个姑妈反对这桩婚事,徐志摩与林徽因才未结成夫妻。"[1]

---

[1] 孙琴安《徐志摩和林徽因何以未成伉俪》,载1995年7月20日《文学报》。

三 情定故都

1921年10月,林徽因随父亲回国,继续在培华女中读书。她的身边出现了一位英俊青年——梁思成,是梁启超的公子。

林徽因与梁思成相识于1919年,即她随父赴英的前夕。据林徽因的女儿梁再冰回忆:"当时母亲年仅14岁,这个面部轮廓有雕刻之美,双眸明亮神采焕发的小姑娘给父亲留下了相当深刻的印象。"[1]

1925年前后,
林徽因与梁启超、梁思庄游览长城

---

[1] 陈学勇《林徽因年表》,载《新文学史料》1993年第一期。

1919年,林长民与梁启超相识并结下了深厚的友谊。两位父亲为各自钟爱的儿女定下了婚约,并安排他们认识。两位开明的父亲告诉儿女,虽然他们赞成这门婚事,但最后仍然要听从儿女自己的意愿。

匆匆相识便又天各一方的梁思成与林徽因,未必真正考虑过婚姻大事。不然,也不会发生林徐之恋了。梁思成是个小矮个,瘦瘦的身材,满头乌发,瘪瘪的嘴,一副眼镜遮住他那双机灵的眼睛。梁思成于1901年4月20日生在日本东京,他的籍贯是广东省新会县。梁思成出世时,两腿是畸形的,两脚尖相对。梁启超请外科大夫来给他治病。医生建议把他的双脚扳正,用绑带扎紧,然后放入一个小木盒子里,过了一个月,他的腿果然好了,但后来脚板还是斜的,不像正常人是平的。

梁思成的童年是在日本度过的。

1912年梁思成随父母回国,1915年进入清华学校。他在学校里除了学业优秀外,兴趣十分广泛,体育、音乐、美术,样样都行。

梁思成的性格爽直,风趣幽默。他的同学陈植,也是我国著名的建筑师,他说:"在清华的八年中,思成兄显示出多方面的才能,善于钢笔画,构思简洁,用笔或劲练或潇洒。曾在清华年报(1922—1923)任美术编辑,酷爱音乐,与其弟思永及黄自等四五人向张蔼贞女士学钢琴,他还向菲律宾人范鲁索学小提琴。在课余孜孜不倦地学奏两种乐器是相当艰苦的,他则引以为乐。约在1918年,清华成立管乐队,由荷兰人海门斯指挥,1919年思成兄任队长,他吹第一小号,亦擅长短笛……"梁思成经常为校内刊物作大量的美术作品,其中包括封面画、扉页图衬、栏头画、写生画、速写、漫画等。

与徐志摩相比,梁思成没有那种浪漫情感,但他多才多艺、幽默风趣的气质,感染着林徽因。和梁思成的交往,得到双方家长的赞成,林徽因无须负担夺人所爱的压力。她一直记得,在他们刚刚开始单独约会的时候,有一次在国子监,林徽因一转身,梁思成就不见了。林徽因焦急地四处张望,最后才发现梁思成躲在一棵大树上。尴尬的林徽因只好抛弃矜持,表露真情。两人的距离迅速拉近。

林徽因回国后,与梁思成相爱,但并没有立刻举行订婚仪式。这又使徐志摩旧情复燃,紧追不舍。没有马上订婚,是梁启超的意思。一是检验一下林徽因的感情。梁启超知道徐志摩还在热恋着林徽因,林徽因又深受西式教育的浸染,生怕两人重拾旧欢,驳了梁家的面子。基于此,梁启超要儿子和林徽因赴美读书,学成之后再订婚、结婚。二是怕梁思成与林徽因的订婚给热恋中的徐志摩以重击,毁了他的这位心爱的弟子。

徐志摩当时还不知道林徽因和梁思成好到什么样的程度，他还没有见到林徽因呢。其实，梁思成与林徽因的恋爱关系已经相当稳固了。

可是徐志摩还是想见到林徽因。林家住在景山后街一处称作雪池的院子里，那儿是能去的，可是林徽因常常不在。她读书的培华中学自然是不能去的。梁启超是松坡图书馆的馆长。松坡图书馆有两处院子，一处在西单附近的石虎胡同7号，一处在北海公园里的快雪堂。快雪堂是一处幽静高雅的院落，星期天不对外开放。梁思成因为关系特殊，有把钥匙可以自由出入，便约了林徽因来此相聚。徐志摩找林徽因也会找到这儿。他是梁启超的弟子，又是林长民的朋友，就是梁思成在，来找林徽因也不能说不对。去的次数多了，自然引起梁思成的反感。他在门上贴了一张纸条，上面写着：Lovers want to be left alone.（情人不愿受干扰。）

徐志摩见了，只得怏怏而去。

徐志摩尊重林徽因对爱情的选择。他既未施加压力，也没有怀恨在心，这种坦荡胸怀，正是他与梁思成、林徽因夫妇日后仍成为挚友的一大要素。这种磊落的友谊众所周知。

1923年5月7日，梁思成骑上大姐送的礼物——摩托车，带着弟弟思永从西山到北京城里，去参加北京学生举行的"国耻日"纪念活动。1915年5月7日,是日本向袁世凯政府提出企图灭亡中国的"二十一条"的日子。梁家的大院在南长街,一条市中心的南北大街。他们出了门,往南边去追赶游行队伍时,被北洋军阀的次长金水炎的汽车撞倒了。思永摔出老远,而思成被摩托车压在下面。

梁思成和弟弟被送到医院,思永的嘴唇破裂了,流了很多血,伤势不大。刚开始,一个外科医生说,思成不需要动手术,因为骨头没断。其实,这个诊断是错误的,梁思成是股骨复合性骨折。到5月底,梁思成已经动了3次手术。

梁思成由于左腿骨折后接骨不成功,造成两腿的长短不同,终生跛足。而且脊椎还受到了严重的损伤,以致后来他不得不身穿铁背心从事勘测和绘图等工作。这次车祸是不幸的,因为它夺去了梁思成一生的健康,但也给他带来一生的幸福,那就是他体会到了林徽因的珍贵爱情。

林徽因知道梁思成出了车祸后,立刻赶到医院,饿着肚子与梁家人守了大半天。她每天坐在梁思成的床边,安慰他,和他谈心或开玩笑,还用湿毛巾为梁思成擦汗。那时正是夏天,梁思成有时热得只穿一件背心,而林徽因就坐在床边。梁思成的母亲看到年轻一代的行为后,非常愤怒,在她看来,他们正是应当回避的时候,她激烈地反对这桩婚事。后来梁思成母亲去世了,他们也到了美国,才举行订婚仪式,此是后话。

在林徽因的细心照料下,梁思成的伤痛恢复得很快。一个半月后,梁思成已经可以自己在病床前行走了。梁思成出院那天,林徽因给梁思成送去一束鲜花。

林徽因与梁思成的关系,从此确定下来。

1924年,
林徽因与泰戈尔、徐志摩合影于北京

四　苍松竹梅三友图

1924年4月，印度诗人泰戈尔到中国来访问，其实，这件事早在1923年的春天就已经联系上了。

讲学社决定托泰戈尔的朋友兼秘书恩厚之转达对泰戈尔的邀请。接着，讲学社又发信去印度邀请泰戈尔来华游历、演讲，并委托徐志摩操办一切欢迎招待事项，随后又聘请徐志摩担任泰戈尔演讲的翻译，王统照为讲演录的编辑。

1924年4月12日，泰戈尔乘热田丸号来华抵沪，徐志摩、蒋百里、胡适、瞿菊农、张君劢、郑振铎等人热情地接待了泰戈尔。

4月14日清晨，泰戈尔由徐志摩与瞿菊农陪同前往杭州，受到西泠印社同人的热情欢迎。他们畅游西湖，在一只小船上度过一个难忘的夜晚，他们吟诗、讨论诗歌一直到天明。4月16日他们回到上海。4月18日下午，上海文学研究会等各团体，在商务印书馆俱乐部举行欢迎会，到会的有1000多人，泰戈尔发表了讲演。当天晚上，泰戈尔一行坐火车北上，在南京、济南作短时间停留，并进行演讲。

4月23日,泰戈尔到达北京,到火车站迎接的有梁启超、蔡元培、胡适、蒋梦麟、梁漱溟、辜鸿铭、熊希龄、范源廉等。泰戈尔在北京先后作了6次公开演讲。林徽因和徐志摩有了接触的机会,他俩一起进出,一起接待,又恢复了昔日的情感。

4月25日,泰戈尔游北海,参观松坡图书馆,又至静心斋茶会。林徽因、王孟瑜、曾令吾、梁启超、林长民、胡适等一起陪同。

4月28日,泰戈尔在先农坛与北京学生见面,林徽因搀扶着泰戈尔上台,徐志摩担任翻译,一时传为美谈。吴咏在《天坛史话》里写道:"林小姐人艳如花,和老诗人挟臂而行,加上长袍白面,郊寒岛瘦的徐志摩,有如苍松竹梅的一幅三友图。徐志摩的翻译,用了中国语汇中最美的修辞,以硖石官话出之,便是一首首的小诗,飞瀑流泉,淙淙可听。"

1924年5月8日,是泰戈尔的64岁生日,在徐志摩以及北京学术界朋友的精心安排下,这位大诗人在中国度过了一个不平凡的诞辰日。祝寿会在北京协和大礼堂举行,出席的是400多位北京的著名人物。胡适当主持,梁启超发表祝寿演说,泰戈尔致谢词。寿礼是十几张名画和一件古瓷,而且为泰戈尔举行赠名典礼。典礼由梁启超主持,赠泰戈尔的中国名字是"竺震旦"。"震旦"是古印度对中国的称呼,Cheena Sthana,音译为"震旦",意译为"泰士"。泰戈尔的名字拉宾德拉（Rabindra）的中文意思,就是"太阳"与"雷"。而印度的国名叫"天竺",泰戈尔以国名为姓,"竺震旦"象征着中印文化悠久结合。

当徐志摩把梁启超的话翻译给泰戈尔听后,泰戈尔激动地起立,双手合十,向大家致谢,全场响起了热烈的掌声。在掌声中,梁启超把一方鸡血石的印章献给了泰戈尔。印章上用正宗金文刻着"竺震旦"。泰戈尔把印章捧在胸前,说:"今天我获得了一个名字,也获得了一次新的生命,而这一切,都来自一个东方古国,我倍加珍惜。"在文艺节目演出之前,由林徽因饰一个古装少女,恋望"新月"的造型图案,以表示新月社的意思。而这个由徐志摩新近创立的新月社,是以泰戈尔的散文诗《新月》命名的。

泰戈尔喜欢看自己写的戏,这天晚上,演的就是泰戈尔根据《摩诃婆罗多》书中一段故事写成的抒情诗剧《齐德拉》。

林徽因扮演公主齐德拉,张歆海扮演王子阿俊那,徐志摩扮演爱神玛达那,林长民扮演春神伐森塔,张彭春担任导演,梁思成担任布景设计。当时这个剧本还未翻译成中文,戏中的人物对白全部用英语。

5月19日,梅兰芳和他的朋友应泰戈尔的要求,特意在开明戏院为泰戈尔演出了《洛神》。次日,大家为泰戈尔饯行。

席间，泰戈尔再次高度赞扬了梅兰芳的精湛表演，并即兴赋诗一首，赠给梅兰芳留念。

鲁迅对此颇不以为然。他在《论照相之类》里说："印度的诗圣泰戈尔先生光临中国之际，像一大瓶好香水似地很熏上了几位先生们以文气和玄气，然而够到陪坐祝寿的程度的却只有一位梅兰芳君：两国的艺术家的握手。待到这位老诗人改姓换名，化为'竺震旦'离开了近于他的理想境的这震旦之后，震旦诗贤头上的印度帽也不大看见了，报章上也很少记他的消息，而装饰这近于理想境的震旦者，也仍旧只有那巍然地挂在照相馆玻璃窗里的一张'天女散花图'或'黛玉葬花图'。"

文中的"震旦诗贤"指的是徐志摩。

1923年，在泰戈尔来华之前，文学研究会出版了泰戈尔的《春之循环》（瞿菊农译）、《飞鸟集》（郑振铎译）、《新月集》（郑振铎译）、《邮局》（瞿菊农、邓演存译）、《园丁集》（郑振铎译）等。

虽然，泰戈尔的访华受到了一班文化人如徐志摩、梁启超等人的热烈欢迎，但也受到了大部分热血爱国青年的奚落和反对。

在泰戈尔访华期间，林徽因常常在徐志摩身边。和自己心爱的人在一起，这使徐志摩整天兴奋不已。

5月20日，泰戈尔一行离开北京去太原。火车站上人声沸腾，林徽因也在欢送的人群中，徐志摩坐在车厢里，望着窗外微笑着的林徽因，想起大前天晚上两人相见的情景，不觉悲从心中来。这次会面，林徽因告诉他，她马上就要随梁思成去美国留学，她不可能做他的妻子，他们必须"离别"。

对于徐志摩来说，他热恋的是一个爱与美的理想化身。很多年后，林徽因对自己已经长大的子女说："徐志摩当时爱的并不是真正的我，而是他用诗人的浪漫情绪想象出来的林徽因，可其实我并不是他心目中想的那样一个人。"[1]

---

[1] 张洁宇《你是人间四月天——林徽因爱与被爱的故事》，载《历史》2000年第4期。

五　大洋彼岸的婚礼

　　1924年6月，林徽因考上半官费留学，与梁思成相伴赴美。7月，林徽因、梁思成、陈植一同抵美，先在康奈尔大学暑期班上课两个月，以缓解时差带来的不适。林徽因选修户外写生和高等代数两门学科；梁思成选择了三角、水彩静物和户外写生课程。

　　暑假过后，林徽因和梁思成同去报考美国宾夕法尼亚大学建筑系，可惜那时建筑系不招女生，只收男生。林徽因没有办法，只得挑选与建筑有关联的美术系，选修建筑课程。实际上，她经常和梁思成同到建筑系上课，从1926年春，林徽因就是建筑设计的业余助教，而1926—1927学年，是建筑设计的业余教师了。当时建筑系一位年轻的教师约翰·哈贝孙说，林徽因和梁思成的建筑图作业做得棒极了。

　　林徽因立志献身建筑，是在1920年4月，她住在伦敦时，房东是一位单身女建筑师，林徽因受其影响，那时她才16岁。而梁思成是受了林徽因的影响，亦立志于建筑的。

　　建筑是林徽因和梁思成的共同追求。当时的中国，还是个闭关自守的落后国家，国内的建筑业长期停滞不前，林徽因和梁思成去美国学建筑，梁启超也是双手赞成的。宾夕法尼亚大学创立于18世纪，这所大学的校长、教授都严守校风学风，因而学校学术气氛十分浓郁，与哈佛大学、斯坦福大学被认为是全美最好的3所大学。林徽因和梁思成，一个擅长于形象思维，一个擅长于抽象思维，所以两人在一起完成作业是最好的一对。常常林徽因先画出一张草图或建筑图样，随着工作的进

1928年3月，林徽因身着自己设计的礼服与梁思成在加拿大渥太华拍摄结婚照

展，这儿添一笔那儿加一横，眼看要交图了，真是急死人了，这时，梁思成就会来到林徽因的身边，以他那准确和漂亮的绘图功夫，把那乱七八糟的草图变成一张清楚整齐能够交卷的成品。他们这种默契的合作，在以后共同的建筑生涯中一直坚持着。

1924年9月，梁启超的夫人去世，梁思成没有回国，因为他们刚刚入学，梁启超再三致电让他们安心读书，不要回去。林徽因安慰梁思成失母的痛苦。他们在学校的一角搞了次小小的祭奠仪式，梁思成焚烧了写给母亲的祭文，林徽因编织了一只花环，放在朝着家乡的方向。

母亲去世后，梁思成收到父亲的信，说林长民要去奉军郭松龄部做幕僚，朋友们劝他别去，林长民就是不听。林徽因无时不在为父亲担忧，怕他出事。到了1925年12月24日，林长民果然出事了，他参与郭松龄反对张作霖的兵变，遇难于乱军中，时年49岁。这个坏消息由梁启超负责告诉林徽因。

林徽因的生母虽然得不到父亲的宠爱，但父亲对林徽因却视为掌上明珠。现在他死了，林徽因的悲伤是无法形容的，她闭上眼，就仿佛看见父亲的音容笑貌，睁着眼，就仿佛听见父亲的声音。她生病了，挂念着母亲和几个幼小的弟弟。这件事对林徽因的刺激实在太大了，她几次要弃学归国，为梁启超所劝阻。她致电梁启超，请求将自己的母亲留在北京，但其母归福建的行程已定，无法挽留。梁启超将自己每月2000元薪水给林长民的家属，并承担了林徽因的留学费用。梁启超还请人为林长民遗属募集赈款。

1927年6月，林徽因于宾夕法尼亚大学美术学院毕业，获学士学位，提升为建筑系的建筑设计课兼任讲师。梁思成也在该校获硕士学位。6月至9月，林徽因和梁思成一起在Paul.P.Crade建筑事务所实习。暑假过后，林徽因进耶鲁大学戏剧学院，受业于G.P.帕克教授工作室，成为我国第一位在国外学习舞台美术的学生。

其实，林徽因早在1924年就与戏剧结缘了。那年冬天，1923年留学美国、学戏剧的余上沅，与闻一多、林徽因、梁实秋、顾一樵、瞿士英、张嘉铸、熊佛西、熊正瑾等留美学生组织了中华戏剧改进社，以倡导新剧，希望将来有一些贡献。国内拟邀请新月社诸先生参加，将来彼此合作，积极训练演员及舞台上各项专门人才。林徽因是主要成员。她在戏剧方面的才能，得到了文化界人士的认可。1925年春，大家设想闻一多在美国学成后归国，可以办一个艺术大学。

出国以来，梁思成的母亲去世，林徽因的父亲在战火中丧生，他俩在丧失亲人的痛苦中互相扶持、共渡难关，加深了感

1927年前后,林徽因(右三)与留美同学在宾夕法尼亚大学

情,他们的爱情果实也成熟了。1927年12月18日,梁思成与林徽因双方的家庭,在北京为他们举行订婚仪式。

名门之后的梁思成温厚严肃,不善言谈,但绝对聪明而富有敬业精神,这对美丽活泼、才思敏捷、喜爱表达的林徽因正好是一种补充。林徽因得到了梁思成,同时也得到了梁启超这样的长辈、这样的公公。梁启超是集严师与慈父于一身的,一方面谆谆教导孩子在国外要用心完成学业、多长见识,将来报效祖国,即使一时找不到工作,也千万不要失望沮丧;另一方面，孩子回国的工作安排、学术资料的收集、蜜月旅行的计划图，甚至订婚时的玉佩与印，都一一细心去操持。这是多么可敬可爱的老人啊！

梁思成和林徽因选定1928年3月21日为他们的结婚日子。选这天是为了纪念宋代建筑家李诫。宋代为李诫所立的碑刻上只留下这个日子。他们赴加拿大渥太华，在中国驻加总领事馆举行婚礼，其实也就是在大姐家的客厅里举行。婚礼由梁思成大姐夫、当时驻加总领事周希哲主持。林徽因不喜欢穿西方的白纱婚礼服，可是在外国又找不到中国式的婚礼服，她便自己设计了一套东方式的带头饰的结婚礼服，这大约是她毕业以后的第一项设计成果，也是她一生所追求的民族形式的第一次创作。据说这套礼服穿在林徽因的身上，轰动了加拿大新闻界，他们纷纷为这对新人拍照。

梁思成与林徽因结婚后，立即写信给父亲，报告他们结婚的情形。

六　欧洲的蜜月旅行

1928年春末夏初，林徽因和梁思成赴欧洲旅游度蜜月，兼以考察欧洲建筑，其路线由梁启超具体制定，可谓游遍欧洲大陆。

欧洲是林徽因少女时曾经游历过的地方，那时她是跟随父亲，如今是与丈夫共度蜜月，这是他们夫妇第一次也是最后一次一起访问欧洲大陆。虽然林徽因以后再也没有踏出国门去，但这次蜜月旅行犹如一场与建筑的初恋，其深厚的影响足以贯穿她的一生。最好的与最坏的，她都尝过。林徽因饱受过战争、贫穷与疾病的侵袭，也许正是早年的这趟文化启蒙，一直给予她抵抗逆境的勇气。

林徽因和梁思成来到了英国，这是他们所要考察的第一座城市。

在圣保罗大教堂前，林徽因被这座伟大的宗教建筑深深地震撼了。圣保罗教堂是18世纪著名的建筑大师克里斯托弗·仑的作品，这里还埋葬着拿破仑的克星威灵顿将军和海军大将纳尔逊的遗骨。

海德公园在伦敦的城西,是著名的皇家公园。海德公园里,还有个著名的"自由讲演者之角"。从19世纪以来,每星期日下午都有人站在肥皂箱上发表讲演,被人们戏称为"肥皂箱上的民主",它已成为公园招揽游客的一个特殊景观。

海德公园有座大理石拱门,原来是白金汉宫的正门。林徽因和梁思成来到公园的水晶宫,这是一座铁架结构建筑,全部都是玻璃,这可不是平常的玻璃,而是一种新材料。到了晚上,水晶宫就更美了,灯光一照,人就像是在龙宫里一样。林徽因在日记里写道:"从这座建筑,我看到了引发新的、时代的审

1928年,梁思成与林徽因在欧洲度蜜月

1928年，林徽因在欧洲的蜜月旅行

美观念最初的心理原因，这个时代存在着一种新的精神，新的建筑，必须具有共生的美学基础，水晶宫是一个大变革的时代标志。"

伦敦是一座世界著名的文化艺术城市，市内有马克思、牛顿、富兰克林、肖邦、萧伯纳、马克·吐温等名人故居，还有皇家学会、伦敦大学，以及不列颠图书馆、不列颠博物馆等众多博物馆、美术馆和剧院。它的建筑物典雅华美，有白金汉宫、威斯敏斯特教堂、伦敦塔等。林徽因和梁思成考察了具有东方情调的布赖顿皇家别墅，别具古典内涵的英国议会大厦。

德国的建筑物也很多，如科隆大教堂，它是世界上最高的教堂之一。

还有于1791年建造的一座象征胜利的勃兰登堡门。门顶部雕着4匹飞跃的骏马拉着两轮战车在向前疾驰，车上站着胜利女神，她右手高举的铁十字架上立着一头展翅的鹰鹫。

林徽因和梁思成在雨中观看爱因斯坦天文台，感觉它就像一曲音乐，那铁的门窗，像是轮船上的窗子。他们还去参观了专门培养建筑家的包豪斯学院，它以不对称的形式，表达出时间和空间的和谐性。林徽因预言包豪斯学院的建筑群终有一天会蜚声全世界的。后来她在东北大学上课时，就拿此作为教材。

瑞士到了，林徽因和梁思成被那美丽的景色迷住了。坐落在阿尔卑斯山最高峰勃朗峰下的日内瓦，全城被湖山环绕，充满了诗情画意，享有"旅游者的圣地"之誉。在老城区中，屹立着许多中世纪的名胜古迹和富有特色的哥特式建筑。在日内瓦东北郊的莱蒙湖，湖水似镜，烟波浩渺，令人心旷神怡。最壮观的是湖心的人工喷泉，喷出的水柱高达150米，冲上云天的泉水化作飘忽的云雾，在阳光照射下，折射出绚丽的彩虹，真是美不胜收。

雪莱、拜伦、巴尔扎克、司汤达、海涅、李斯特、狄更斯、托尔斯泰等许多世界名人都曾在日内瓦居住和游历过。在穿城而过的罗讷河中有个风景优美的卢梭岛，岛上耸立着18世纪的大哲学家卢梭的铜像。

林徽因与梁思成来到了"千年帝国"意大利。意大利在古罗马时期，是称霸欧洲、横扫亚洲的帝国，而罗马则是这"千年不衰"的帝国的首都。罗马城是古罗马帝国的发祥地和首都，公元756年成为教皇国首都，1870年意大利王国统一后成为意大利首都。罗马城的城徽就是母狼哺婴图案。

罗马犹如一座巨大的露天历史博物馆，名胜古迹和古建筑残垣比比皆是，有帝国元老院、贞女祠、恺撒庙、凯旋门等。林徽因和梁思成来到一座被千年风雨侵蚀的建筑物前，这就是著名的露天竞技场。它给林徽因一种悲壮感。

林徽因对它的评价是："罗马最伟大的纪念物是角斗场，是表达文化具体精神的东西，文艺复兴以来，与以后的建筑观念中，最重要的一部分，就是建筑的纪念性。"

林徽因和梁思成来到水城威尼斯，他们乘当地叫作"贡多拉"的尖底小船，游览威尼斯。位于意大利亚得里亚海西北岸的威尼斯四周是海，只有一条长堤与大陆相连，纵横交错的177条河流将全市分割成120余个小岛，因此威尼斯又被称为"百岛之城"。威尼斯没有汽车，以船为交通工具，岛与岛之间由桥连接。威尼斯一共有400多座桥。

林徽因和梁思成从威尼斯走水路，来到了法国巴黎。在巴黎市西南郊，他们参观了世界闻名的凡尔赛宫，它是西方古典主义建筑的杰出代表，被联合国教科文组织列入世界文化遗产名录。

1624年，法王路易十三在此建造了一座城堡，作为皇家狩猎时住的行宫。路易十四登基后，将它改建为法国王宫，并于1682年将政府从巴黎城中迁到这里。

凡尔赛宫是许多重大历史事件的见证者。1783年，英美停战后在这里签订了承认美国独立的条约；普法战争时，德军占领凡尔赛宫，德皇威廉一世在镜厅举行加冕典礼，令法国蒙受莫大耻辱；第一次世界大战时，法国报了一箭之仇，1919年6月，德国被迫在镜厅签署了宣告投降的《凡尔赛和约》；第二次世界大战后期，盟军总部就设在凡尔赛宫中。

凡尔赛宫中的花园长达3000米，园中有喷泉、雕像、草坪、花坛，美不胜收。

离开凡尔赛宫，林徽因和梁思成回到巴黎城中，前去参观气势雄伟的卢浮宫。这是法国最大的王宫建筑，又是世界上最著名的"艺术殿堂"。从16世纪初起，历代法国国王将美术珍品收藏于此，宫中还经常举办绘画与雕刻展览。拿破仑时期，法国将从各国掠夺来的名贵艺术品作为"战利品",收藏在宫中,使收藏量大增。1793年,国民议会将卢浮宫改为国立美术博物馆,向公众开放。

卢浮宫中有3件艺术品被誉为"卢浮宫三宝",那是:米洛斯岛的《维纳斯》、古希腊的《萨莫色雷斯胜利女神》和达·芬奇的绘画《蒙娜丽莎》。

梁思成夫妇还去参观了枫丹白露宫等,就离开了法国。

关于这次蜜月旅行,林徽因留下的文字极少,后来曾经写过一篇散文《贡纳达之夜》,以纪念她在这个西班牙小城中的感受。

阿尔罕布拉宫在西班牙格兰纳达的郊外。当梁思成夫妇到达那里时,已是下午4点,等他们找到住处安顿好以后,已经是5点多了。开往阿尔罕布拉宫的末班车早开走了,为了早点看到这座在伊斯兰世界中保存得比较好的宫殿,他们决定雇一辆马车自己前往。可是到了那儿,宫门已经关闭。他们只好去求看门人放他们进去。管理人员看到这两个东方青年自己包车专程前来,很是感动,就放他们进去参观。

阿尔罕布拉宫坐落在一个地势险要的小山上,外边是用红石砌成的围墙,沿墙有高高低低的方塔。整个宫殿以两个互相垂直的长方形殿堂组成,南北向的叫石榴院,东西向的叫狮子院，前一个比较肃穆，以朝觐仪式为主；后一个是后妃们住的，比较奢华。

阿尔罕布拉宫的殿堂及走廊上的壁面满覆着几何纹样和阿拉伯文字的图案，以蓝色为主，石榴院的殿堂间杂着金、黄和红色，给人一种淡淡的忧郁感。

梁思成夫妇在这空无一人的宫殿里尽情地欣赏着、赞叹着，最后他们告别了热心的管理员。

他俩游兴正浓时，1928年3月13日，因梁启超之病，家里打电报催他们回国。这次他们收到电报后，立即打点行李，准备回国了。

林徽因和梁思成到莫斯科乘西伯利亚火车回国，在火车上，他们认识了美国朋友查理斯、蒙德里卡·查尔德夫妇，一路同行，经沈阳、大连、天津抵北平。

七　到东北教书去

回来了，回来了，儿子和儿媳妇回来了！这是梁家的大喜事啊！家里人为他们准备了北京东四14条北沟沿23号的新房。

梁启超说："新人到家以来，全家真是喜气洋溢。初到那天看见思成那种风尘憔悴之色，面庞黑瘦，头筋涨起，我很有几分不高兴。这几天将养转来，很是雄姿英发的样子，令我越看越爱。看来他们夫妇体质都不算弱，几年来的忧虑，现在算放心了。新娘子非常大方，又非常亲热，不解作从前旧家庭虚伪的神容，又没有新时髦的讨厌习气，和我们家的孩子像同一个模型铸出来。"

回来后，梁思成和林徽因要到东北去教书了，这项工作是梁启超早就为他们联系好的。最后的决定是到东北大学去教书。原来沈阳（奉天）的国立东北大学要建立建筑系，东北大学工程学院院长高惜冰要宾大建筑系的毕业生杨廷宝来当系主任。杨廷宝是梁思成的同窗好友，他已经接受上海基泰建筑公司的聘请。当时，基泰建筑公司也通过杨廷宝与梁思成联系，希望他到基泰建筑公司去。公司是看中梁思成的社会关系，那个时候,要想搞到大的设计任务,政府里没有人是不行的。但梁启超希望儿子能够到东北大学去。正好杨廷宝向高惜冰推荐梁思成,认为他是最合适的人选。

梁启超在给梁思庄的信中说:

> 思成的工作问题已经解决。东北大学和清华都答应给他工作职务。东北大学更好一些,因为在那里开创一个建筑师事业的前景很好。他可以在那里组织一个公司,从小开始,慢慢做大。因此在他回答之前,我就替他作主了,拒绝了清华的聘请,接受了东北大学的职位。

在东北大学开学之前,林徽因先回福建去看望母亲。自从父亲去世后,林徽因第一次见到自己的母亲,她看到母亲比以

1929年秋冬之交,林徽因与女儿在一起

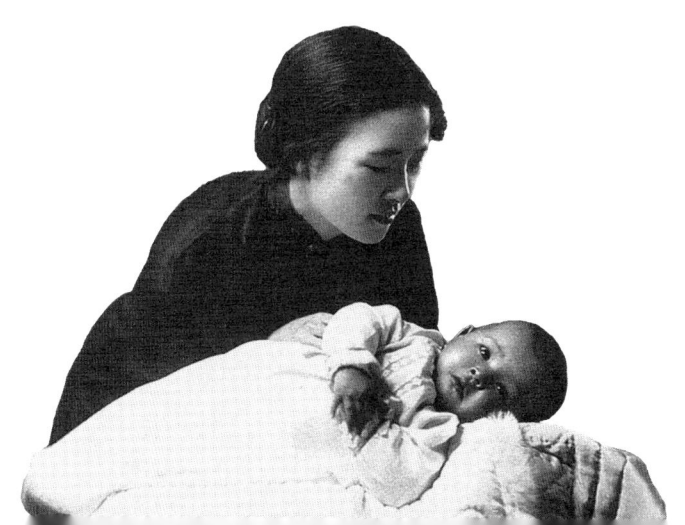

前憔悴多了，背也驼了，不由得心中一酸，眼泪流了出来。母亲搂着女儿也伤心地哭了。

林徽因在福州时，受到父亲创办的私立法政专科学校同人的热烈欢迎，还应邀为乌石山第一中学演讲《建筑与文学》，为仓前山英华中学演讲《园林建筑艺术》，又为叔父林天民设计福州东街文艺剧场。

东北大学快开学了，梁思成和林徽因起程到沈阳，火车到达目的地时，高惜冰在车站迎接他们。高惜冰是梁思成在清华学校的同学，不过比他高几班。一路上，高惜冰告诉梁思成夫妇，建筑系已招了一班学生，但一个专业老师也没有，也不知道应该开些什么课，一切都等他们来了后再决定。他还说，梁思成已被任命为建筑系主任。

林徽因与丈夫到了东北大学后，立刻研究教学任务。建筑系里一共只有两个老师：林徽因和梁思成。林徽因教美术课和建筑设计。梁思成也教建筑设计，不久，他又开了一门把西洋和中国建筑史融为一体的课程。他们采用的完全是英美式的教学方法。

1929年夏天，建筑系教职员中增加了3位年轻人，他们是陈植（本杰明）、童寯和蔡方荫，都是宾大的毕业生，与梁思成夫妇是老朋友。他们全都是执教克雷式建筑学课程的内行，而他们共同的学历和友谊预示着今后年代里的合作愉快。

林徽因知识渊博，语言犀利幽默，她的课程深受学生欢迎。她经常把学生带到昭陵和沈阳故宫去上课，以现存的古建筑作为教具，讲建筑与美的关系。因为东北大学建筑系刚刚建系，教学任务繁重，林徽因经常给学生补习英语，天天忙到深夜。

空闲的时候，林徽因就同丈夫外出，去作古建筑的图稿丈量记录，如到东北大学操场后山的北陵等处。这时，林徽因已经怀孕，过度的工作几乎要把她累垮了。

1928年底，梁思成夫妇接到电报，说梁启超病重住院了，他们赶紧回到北京。

1928年11月12日，梁启超已经不能坐起来伏案工作了，只能躺在床上。梁启超于1929年1月19日去世，享年55岁。

著名学者英年早逝，不仅对家庭是一个残酷打击，而且对他的追随者，以及他的著作的无数读者也是一个巨大损失。

梁启超的墓实际上是与夫人李蕙仙的合葬墓，坐落在北京香山卧佛寺的东面，现在的北京植物园内的裸子植物区。墓碑图是林徽因和梁思成共同设计的，碑高2.8米，宽1.7米，显得雄伟壮丽、古朴庄重，建立在一个由人工筑起的平台上，由浅黄色花岗岩刻成。碑前连接一供台，高75厘米，两侧连接花岗岩与衬墙。碑的正面竖写着：

先考任公府君暨

先妣李太夫人墓

1971年,梁思成从医生那里得知父亲早逝的原因,竟是由于医疗事故引起的。

梁启超是社会上响当当的大名人,为安全起见,协和医院指定著名的外科教授刘大夫来为梁启超动手术。当时的情况后

1929年,林徽因与梁思成测绘沈阳北陵

来由两位实习医生秘密讲出来。他们说:"在病人被推进手术室以后,值班护士就用碘在肚皮上标错了地方。刘博士就进行了手术(切除那健康的肾),而没有仔细核对一下挂在手术台旁边的X光片。这一悲惨的错误在手术之后立即就发现了,但是由于协和的名声攸关,被当成'最高机密'保守起来。"[1]

梁启超的葬礼过后,林徽因与梁思成又回到沈阳继续教学。这时,东北大学校长张学良将军设立了奖金,征求"东北大学校徽图案"。林徽因立刻以全身心投入设计,经过努力,她设计的"白山黑水"东北校徽图案,获得大奖400元。大家纷纷祝贺林徽因取得这么大的成功。

此外,林徽因和梁思成设计了沈阳郊区的"萧何园"。还参加"梁陈童蔡营造事务所"的设计工作,设计了交通大学计划在辽宁开办的锦州分校校舍等。

1929年8月,林徽因生下女儿,取名再冰,这是为纪念年初去世的梁启超,孩子的祖父"饮冰室老人"。再冰满月后,东北大学已经开学,林徽因又要上课,又要带孩子,她病倒了。

---

[1] 费慰梅《梁启超冤死手术刀》,载1997年11月7日《作家文摘》。

林徽因与梁再冰

第二章 剪不断 理还乱

1931年,林徽因在香山养病

一 再遇诗人

1928年6月中旬徐志摩因为不满陆小曼的生活作风而出国旅游，途经日本、美国、欧洲、印度，而后返国，历时半年。1928年12月，当他得知梁启超病重住院时，立刻北上抵京探望。

这时，林徽因与夫君也已到了北平，他们连日参加文化界欢迎徐志摩的活动。1928年12月11日，丁在君宴请徐志摩，林徽因和梁思成作陪。13日，林徽因和梁思成在东兴楼饭馆宴请徐志摩。这是徐志摩和林徽因自1924年火车站分手后的第一次见面。徐志摩对林徽因的印象是："风度无改，涡媚犹圆，谈锋尤健，兴致亦豪；且亦能吸烟卷喝啤酒矣！"

在林徽因与梁思成出国留学时，徐志摩的离婚和再婚，成了国内文化界人人都知道的事。林徽因在国外也知道此事。

陆小曼生于1903年，原名小眉，后改眉。胡适曾经说她是旧北京的一道不可不看的风景。陆小曼体弱多病，脸色苍白，这已经符合了西施捧心的中国式的病态美学。陆小曼非常聪颖，她不但能在未踏出国门的情况下，具有流利的英语和法语的听说能力，同时还兼擅北昆、诗词绘画等。1924年林徽因出国以后，徐志摩与陆小曼认识后不久，便双双坠入情网。

徐志摩与陆小曼之恋为当时的礼教所不容，原因在于他俩一个是离了婚的，一个是有夫之妇。1920年，陆小曼的父母给她选中王赓为婿。王赓曾留学于美国西点军校，和艾森豪威尔是同窗之友，就职于北平警察局。陆小曼生性活泼好动，王赓却严谨有度，颇有军人之风。

1925年3月，社会上已经议论纷纷，这给徐志摩和陆小曼造成很大的精神压力。徐志摩辞去任职不到半年的北京大学教授，去欧洲旅游等待陆小曼的决断。他们相约天天在日记里互诉衷肠，以备日后对感情的检验。这就是后来的《爱眉小札·小曼日记》。

《爱眉小札》是徐志摩写下的一组日记体情书，时间从1925年8月9日至9月17日。因为处于热恋期中，故书札的字里行间，任凭滚烫的爱情激流奔腾，把深心的欢欣苦恼，和盘托出，了无遮掩。处处可见他为追求理想中的真情真爱，简直不顾一切。

在陆小曼离婚后，徐志摩父母向他提出3个条件：一是由徐志摩的老师梁启超证婚，胡适做介绍人；二是结婚费用自理；三是结婚后必须南下，住在硖石。徐志摩对这3个条件都同意了，只是觉得梁启超这一关很难过。

1926年8月14日，徐志摩和陆小曼在北京的北海公园举行订婚仪式，有朋友100多人参加。同年10月3日在北海举行结婚典礼，由梁启超做证婚人，胡适做介绍人。

梁启超对徐志摩和陆小曼的婚姻极不满意。因为陆小曼的丈夫王赓是梁启超的门生，况且当时梁启超曾写信给徐志摩，劝他不要和张幼仪离婚。不料，徐志摩非但不听，反而还要娶陆小曼，他怎么能去当证婚人呢？

对徐志摩来说，他虽然敬重梁启超，但一旦认为应当如此时，就顾不得上下左右了，这也包括梁启超在内。郁达夫深知徐志摩这个性格，他曾说过徐志摩的那股不顾一切、带有激烈的燃烧性的热情，一经激发，便不管天高地厚，人死我亡，势非至于将全宇宙都烧成赤地不可。然而，难就难在徐家答应这门亲事，先决条件是要梁启超当证婚人，梁启超不满，怎么能为徐志摩和陆小曼证婚呢？徐志摩不得不求救于胡适和张彭春，请他们向梁启超说情。最后，梁启超碍于众人的面子，终于答应做证婚人。

梁启超致证婚词时，以严师的身份教训了徐志摩。他说："徐志摩，你这个人性情浮躁，所以在学问方面没有成就；你这个人用情不专，以致离婚再娶……以后务要痛改前非，重新做人！"接着，又告诫新婚夫妇："你们都是离过婚，重又结婚的……祝你们这次是最后一次的结婚！"梁启超的这番训词，满座为之失色。直骂得徐志摩汗流浃背，俯身哀求老师留些面子；而陆小曼面色灰白，险些昏倒。

病弱却有才艺的陆小曼最与徐志摩相通的除了这些关于文学艺术、追求灵性美的事物之外，小曼宅心仁厚，对朋友大方讲义气，这些基本性格和徐志摩都十分相像，这跟两人同样来自优渥的家庭，又都是独养的孩子这种背景很有关系。

可惜徐志摩的再婚生活带给他的痛苦竟多于快乐。1928年林徽因和徐志摩会面时，徐志摩正是处在这样的心境中，而林徽因此刻却满怀美好的憧憬，正迈向新的生活。这时的林徽因早已不是在伦敦时那个梳着两条小辫子的女孩子了，她在各方面都已成熟。徐志摩此时对林徽因的感情也已越过了浪漫的幻想，变得沉着而深化了。林徽因很珍重徐志摩的感情。尽管林徽因感到徐志摩的情趣中有时露出某种俗气，她不欣赏，但是这没有妨碍他们成为知音，而且徐志摩与梁思成也一直是挚友。

1930年冬，林徽因从沈阳回到北平，住在北总布胡同3号。这是一个典型的北京四合院。院子的四周是高高的围墙，里面有几棵开花的树木，沿着墙根有一排平房，它们的屋顶都由灰瓦铺成。梁思成夫妇将一些窗子的下层糊的纸换成了玻璃，这样一来，在屋子里就能看到外面的花草树木，冬天一到，还可以晒太阳呢。

林徽因在这新屋里恢复了工作。而徐志摩也经常来，有时就住在那里。1930年上半年，徐志摩在上海光华大学和南京中央大学任教，同时兼中华书局和大东书局的编辑。年底，光华大学闹风潮，徐志摩因此离开光华大学。1931年2月，徐志摩答应胡适的邀请，去北京大学英文系当教授，并兼北京女子大学教授。

到了1931年2月，林徽因的肺病复发，而且严重到必须停止工作、治疗静养的程度。3月，林徽因移居香山疗养。徐志摩和朋友们经常去看望林徽因。

1931年2月1日，徐志摩去看了林徽因后，给朋友写信说：

> 我昨天下午见了他们夫妇俩，瘦得竟像一对猴儿……诊断的结果是病已深到危险地步，目前只有停止一切劳动，到山上去静养。孩子、丈夫、朋友、书，一切都须隔绝，过了六个月再说话……她简直连脸上的骨头都看出来了；同时脾气更来得暴躁。

1931年5月15日，徐志摩和张歆海、韩湘眉、张奚若等往香山看望林徽因。这回林徽因休养得比较好了，"养了两月，得了三磅，脸倒叫阳光晒黑不少，充印度美人可不乔装"。

到了6月，徐志摩、罗隆基、凌叔华、沈从文等同去香山探望林徽因。徐志摩说，林徽因"仍不见好，新近又发了十天烧，人颇疲乏"。

徐志摩常常去香山，是把林徽因当作可以一诉衷肠的人。徐志摩每次上山，梁家人都叫林宣陪着。林宣是林徽因的堂弟弟，与林徽因情同手足，几乎无所不谈。他和徐志摩也很熟。林宣与徐志摩上山后，就住在香山的甘露旅馆，每天吃了早饭就去林徽因住处，中饭和晚饭与林徽因一起吃，夜晚才回到旅馆。

林徽因和徐志摩都喜欢读拜伦、雪莱、勃朗宁等人的作品，徐志摩常常带这些书给林徽因看。

徐志摩多次去看望林徽因，对她过分地关心，社会上便有浮言。

林徽因是徐志摩真正意义上的初恋，也是他的最爱，尽管他理智上认识到林徽因已是他人之妇，但在心灵深处永远为她留下一块芳草地。因为他难以抗拒林徽因那性灵美的魅力。而林徽因这时已成熟，但她也难以抗拒徐志摩对她的热情关怀。而且他俩曾经有过心灵上的互通。我们只要听听林徽因和徐志摩的诗《深夜里听到乐声》与《半夜深巷琵琶》，就能明白。

先听听林徽因的《深夜里听到乐声》：

> 这一定又是你的手指,
> 轻弹着
> 在这深夜,稠密的悲思。
>
> 我不禁颊边泛上了红,
> 静听着
> 这深夜里弦子的生动。
>
> 一声听从我心底穿过,
> 忒凄凉
> 我懂得,但我怎能应和?
>
> 生命早描定她的式样,
> 太薄弱
> 是人们的美丽的想像。
>
> 除非在梦里有这么一天,
> 你和我
> 同来攀动那根希望的弦。

再听听徐志摩的《半夜深巷琵琶》:

> 又被它从梦中惊醒,深夜里的琵琶!
> 是谁的悲思,

第二章 剪不断 理还乱

是谁的手指,
像一阵凄风,像一阵惨雨,像一阵落花,
在这夜深深时,
在这睡昏昏时,
挑动着紧促的弦索,
乱弹着宫商角徵,
和着这深夜,荒街,
柳梢头有惨月挂,
啊,半轮的残月,
像是破碎的希望他,
他头戴一顶开花帽,
身上带着铁链条,
在光阴的道上疯了似
的跳,疯了似的笑,
完了,他说,吹糊你的灯,
她在坟墓的那一边等,
等你去亲吻,等你去亲吻,等你去亲吻!

在诗里,有着他们彼此的倩影,这是如此的辉煌,又是如此的悲壮啊!

二　斯人已去

1931年9月下旬,林徽因结束了香山的疗养生活,回到了北平城里。

1931年11月10日,林徽因出席欢迎英·伯雷博士茶会,伯雷是英国女作家曼殊斐尔(Katherine Mansfield)的姐夫。伯雷是为太平洋会议而来的。曼殊斐尔是徐志摩最爱慕的女作家,他希望可以从伯雷那里知道一些曼殊斐尔早年的事情。茶会后,他们一同出来,在总布胡同口分手。因为林徽因晚上有约会,就和梁思成出去了。等他们回到家里后,家里人告诉林徽因,他们夫妇俩刚走不久,徐志摩就来了,见主人不在家,他自己坐了一会,喝了一壶茶,留了张纸条便走了。那张纸条上写着:"定明早六时飞行,此去存亡不卜……"林徽因一看不禁呆住了,心中一阵不痛快,连忙给徐志摩打电话。

"你放心,"徐志摩在电话里说,"很稳当的,我还要留着生命看更伟大的事迹呢,哪能便死?……"这大概是徐志摩去世前与林徽因的最后一次通话吧。临分手时,林徽因告诉徐志摩,她在11月19日晚上,在协和小礼堂,给外国使节讲中国建筑艺术。徐志摩说自己一定来。

　　徐志摩因为离婚再娶，触怒父亲，断了经济后援。陆小曼经常疾病缠身、辗转床笫，又染上了吸鸦片的习惯。家中14个佣人，高朋满座，应酬频繁，致使经济入不敷出。在上海定居时徐志摩不得不出任北京大学英文系教授，并在北平一所女子大学兼课，仅1931年春至夏，他南北往返竟达8次之多。

青年时期的徐志摩

他在1931年10月23日致陆小曼的信中说:"穷得寸步难移。"

不知什么时候,徐志摩家里经常出现一个男人,叫翁瑞午。翁瑞午究竟是怎样一个人呢?现在世人恐怕不太清楚,上海《新民晚报》的翁思再专门撰文介绍了他,在这儿稍微占点篇幅来说说吧。

翁瑞午是清末历任桂林知府的名画家翁绶琪(字印若)的次子。幼承庭训,通晓国画。他又受业于名医丁凤山,得到真传,也就是"一指传"推拿。翁瑞午向丁先生学推拿下过苦功夫。如面前放一摞砖头,他一掌击下,可教其中所预定之某块碎掉,而其他的砖都保持完整。这实际上就是现在所说的硬气功。翁瑞午练就此功后,他在推拿时,运用体内之气,有独到的效果,往往手到病除,因此他在18岁时即享盛誉。翁瑞午广施医药,无论贫富,尤为时人所称道。

翁瑞午同陆小曼认识,是由雕塑家江小鹣介绍的。那是因为陆小曼有哮喘和胃痛的毛病,疼痛时呼天抢地,徐志摩为她遍访名医而不治。他的朋友江小鹣得知后,将自己的表弟翁瑞午介绍给徐志摩。江小鹣的母亲是翁瑞午的表姑母。

陆小曼几次昏厥,都是翁瑞午给治好的。

有人说,陆小曼的"黑"和"白"都是翁瑞午供的。"黑"的指鸦片,"白"的指白米饭。很多文章或者书里,都说当时是由于陆小曼的身体原因，翁瑞午才让她吃鸦片，不料一吃就上了瘾。然而根据翁瑞午的大女儿翁香光说，事实上并不如此，是陆小曼的母亲让她吃的，因为陆母是抽大烟的。后来翁瑞午得了肺病，陆小曼也叫他吃鸦片。

其实，陆小曼何尝不知道鸦片的危害性呢？她对王映霞说："吸鸦片烟不是一件好事，我也偶一为之。我多愁善感的人，患有心脏病和严重的神经衰弱，一天总有小半天或大半天不舒服，不是这里痛，就是那里痒，有时会昏迷过去，不省人事。在北平时，曾经住过一年多医院，简直把医院作为我的家了。喝人参汤，没有用，吃补品，没有用。瑞午劝我吸几口鸦片烟，说来真神奇，吸上几口就精神抖擞，百病全消。"

陆小曼所说的细节，与翁香光的说法颇有出入。究竟哪一种说法更接近事实，已难考证。

徐志摩和陆小曼的家里开销很大，靠徐志摩一个人的收入，难以维持生计。翁瑞午对他们时有帮助，不惜变卖家藏的字画。徐志摩第二次赴欧洲之前，翁瑞午送他一批古董，让他带到那里去出售。

徐志摩到北平，就住在胡适家。胡适劝徐志摩，既然陆小曼执迷不悟，不肯放弃那种生活北来，那最好还是离婚，以摆脱这种痛苦的折磨。就连平日以保护女权著名的胡太太也同意离婚的方案。但徐志摩不同意,他认为:我不能因为只顾自己而丢了她。还有一个原因,就是梁启超在婚礼上的训导:我希望你们这是最后一次结婚。

其实,说穿了,是因为林徽因在京,所以陆小曼不愿意北来。

浪漫之爱的失败,再加上丧母的悲痛,与父亲关系的破裂,重重枷锁简直使徐志摩透不过气来。

徐志摩于1931年11月11日离京之前,去看望了冰心和凌叔华等朋友。冰心也很关心徐志摩的处境,但徐志摩一时竟不知道从何说起,就在一张纸上写下了10个字:

说什么以往,
　骷髅的磷光。

当天,徐志摩搭乘张学良的专机飞抵南京,在张歆海、韩湘眉夫妇处小作停留后,便于13日乘车到沪。

徐志摩13日到家后,与陆小曼又大吵了一场。吵架的原因有多方面的,徐志摩劝陆小曼到北平去,陆小曼不肯。而且家里的开支越来越大,欠账单也越来越多。徐志摩毕竟是一介书生,不忍撕破脸大吵大闹,只好忍气出走,借探旧访故以消气解闷。

14日徐志摩到刘海粟处,看他的海外归来新作,中午在罗隆基家里午餐，下午又到刘海粟家里。

17日徐志摩准备行李。陆小曼问："你准备怎么走呢？"

"坐车！"

"到南京还要看朋友，怕19日赶不到北平。"

"那我就坐飞机……"

"跟你说多少回了，不许坐飞机！"

"我喜欢飞啊，看人家雪莱，死得多风流。"

"你尽瞎说。"

"你怕我死吗？"

"怕？！你死了我好做风流寡妇。"

18日徐志摩乘早车抵南京，住在何兢武家。他在车上看到报上登载一条消息，说是京津地区正处于戒严状态，列车进京一定极不便利。他原来想暂时在南京停留，搭张学良的飞机，但是张学良又不即返。他摸口袋发现里面有一张保君建送的乘飞机的免费票，决定第二天飞北平。保君建是中国航空公司的财务组主任。晚饭后徐志摩去找杨杏佛，不料主人不在，他就留下一张便条，上面写着：

> 才到奉谒，未晤为怅，顷去湘眉处，明早飞北平，虑不获见。北平闻颇恐慌，急于去看看，杏佛兄安好。志摩。

这张便条后来竟成了徐志摩的绝笔。条中写的"虑不获见",不知是否一种预兆?

然后,徐志摩去了张歆海、韩湘眉的家,等了一会,主人回来了,杨杏佛也一起来了。

徐志摩临走时,忽然转过头,像长兄似的轻吻了韩湘眉的左颊。这是永别吗?

19日早晨8时徐志摩搭乘中国航空公司"济南号"飞机北上。飞机师王贯一、副机师梁璧堂,都是南苑航空学校毕业生,他们与徐志摩一样,均为36岁。飞机上除运载了40余磅邮件外,乘客仅徐志摩一人。10时10分,飞机抵达徐州加油时候,徐志摩给陆小曼写了封信,说自己头痛得厉害。但等飞机加好油后,徐志摩又坐上飞机,这时是10时20分。开始时,天气很好,不料在党家庄一带忽然大雾弥漫,飞机师为寻觅航线,降低飞行高度,不慎误触开山山顶,机身起火,坠落于山脚,待村人赶来时,两位飞机师皆已烧成焦炭。徐志摩座位靠后,仅衣服着火,皮肤有一部分灼伤,但他额头撞开一个大洞,成为致命创伤,又因身体前倾,门牙亦已脱尽。当晚,细雨霏霏似乎是在哀悼天才诗人的早逝。

再说林徽因,她让梁思成等人到机场去迎接徐志摩,但直到下午4点30分还没有消息。因为徐志摩拍电报说19日下午

3点到的。林徽因心想飞机半途可能有变故。

第二天《晨报》上登出有一飞机失事的消息,胡适立即前往航空公司查询,证实那就是徐志摩乘坐的"济南号"。包括梁思成、林徽因在内的一大群朋友焦急地守候在胡适家里。惨讯传来,林徽因当场昏倒。

胡适在1931年11月20日的日记中写道:

> 上午十时半,我借叔永的车去中国航空公司问信,他们也不知死客姓名。我问是否昨日发电报的人,他们说是的。我请他们发电去问南京昨日志摩从南京乘飞机北来,曾由中国航空公司发电来梁思成家,嘱下午三时雇车去南苑接他。下午汽车去接,至四时半人未到,汽车回来了。我听徽音说了颇疑飞机途中有变故。今早我见《北平晨报》记昨日飞机在济南之南遇大雾,误触开山,堕落山下,司机与不知名乘客皆死,我大叫起,已知志摩遭难了。电话上告知徽音,她也信是志摩。公司中人并请他们转一电给山东教育厅长何思源,十二点多钟,回电说是志摩,我们才绝望了!

林徽因苍白的脸上满是眼泪,颤抖着双手,和梁思成一起为徐志摩做花圈。桌上放着铁树叶子和一些白花。小花圈做好了,这是一只具有希腊风格的花圈,以铁树叶子围成,缀有白花,中间镶着徐志摩的照片。1931年11月22日下午,梁思成、金岳霖、沈从文等人赶到济南。梁思成带去那只小花圈。

徐志摩遗骸停放在福缘庵，他头上戴着红顶球黑绸瓜皮帽，身穿浓蓝色绸袍，外罩黑纱马褂，脚蹬粉底黑色云头如意寿字鞋。这身打扮穿着与徐志摩的性格很不相称。当灵柩运到上海时，有不少人要求重殓，但张幼仪怕惊尸，力主维持原状。

梁思成在丧礼之后，按照林徽因的叮嘱，带回一小块飞机残骸。此后，这块残片一直挂在林徽因的卧室里。这是她对徐志摩的真挚感情，是她胸怀的坦荡。

1931年12月6日，北平文化界举行徐志摩追悼会，会场由林徽因和梁思成布置，参加者有胡适、周作人、陈衡哲、凌叔华等250余人。

林徽因的脑袋在嗡嗡作响，她想看徐志摩最后一眼，想听徐志摩的最后一首诗，都已经不可能了。

在徐志摩走了两周后，林徽因再也忍不住心中的悲痛，写下了《悼志摩》一文，刊登在1931年12月7日的《晨报》上。

1934年11月19日，林徽因和梁思成去南方考察路过徐志摩的家乡硖石，停车的几分钟里，林徽因下了车，凝望着那幽暗的站台，默默地回忆起许多不相连续的往事残片，直到生和死间居然幻成一片模糊，人生和火车似的蜿蜒一串疑问在苍茫间奔驰。

第二章 剪不断 理还乱

1935年徐志摩的忌日,林徽因写了《纪念志摩去世四周年》一文,表达她的悼念之情。她写道:

> 今天是你走脱这世界的四周年!朋友,我们这次拿什么来纪念你?前两次的用香花感伤地围上你的照片,抑住嗓子底下叹息和悲哽,朋友和朋友无聊地对望着,完成一种纪念的形式,俨然是愚蠢的失败。因为那时那种近于伤感,而又不够宗教庄严的举动,除却点明了你和我们中间的距离,生和死的间隔外,实在没有别的成效;几乎完全不能达到任何真实纪念的意义。
>
> …………
>
> 你走后大家就提议要为你设立一个"志摩奖金"来继续你鼓励人家努力诗文的素志,勉强象征你那种对于文艺创造拥护的热心,使不及认得你的青年人永远对你保着亲热。如果这事你不觉到太寒伧不够热气,我希望你原谅你这些朋友们的苦心,在冥冥之中笑着给我们勇气来做这一些蠢诚的事吧。

当然,这样的文章不可能写得多明白。1932年夏天,林徽因写了一首诗叫《别丢掉》,于1936年3月15日刊登在《大公报·文艺副刊》上。这是首爱情诗,是她坦诚的心声。诗如下:

> 别丢掉
> 这一把过往的热情
> 现在流水似的,
> 轻轻

在幽冷的山泉底，

在黑夜　在松林，

叹息似的渺茫，

你仍要保存着那真！

一样是月明，

一样是隔山灯火，

满天的星，

只使人不见，

梦似的挂起，

你问黑夜要回

那一句话——你仍得相信

山谷中留着

有那回音！

"回音"是徽因的谐音。不管怎么说，都得承认，林徽因对徐志摩是有真情的，是深爱着诗人的。

在这儿似乎还应该讲一讲陆小曼的情况。

1931年徐志摩经南京到北平去之前，在沪与翁瑞午恳谈，再次要求他好好照顾陆小曼，翁瑞午郑重地承诺了。想不到这次托付竟成他俩之间的永诀。

从此，翁瑞午几乎是全盘照料起陆小曼的生活。翁瑞午家有贤妻陈明榴和5个子女，在养家糊口的同时，还要供养陆小曼，经济负担很重，但他始终很乐观。翁瑞午后来担任江南造船厂的会计科长，每逢阮囊羞涩，就变卖家里祖传的书画。1953年，陈明榴去世后，陆小曼正式成为翁瑞午的续弦。他们相守了近40年。陆小曼在派出所登记的一张表格上，将翁瑞午的名字填写在家庭成员一栏里。

翁瑞午于1960年去世，陆小曼于1965年去世。陆小曼的学生王敬之引用篆刻家陈巨来的话，评论翁瑞午："翁瑞午跟陆小曼的关系，却不能简单地责之以'朋友妻不可欺'。陆小曼从来不事生产，全赖翁一直是黑（烟）白（饭）供应无缺，在陆年老色衰之后翁仍侍奉不改，也不能不算是情义很重的了。"

我们再来看看张幼仪是如何看待这一男三女的事吧。

张幼仪不承认林徽因和陆小曼对徐志摩的感情是爱。她认为："如果她（林徽因）爱徐志摩，为什么在他离婚后，还任他晃来晃去？那叫作爱吗？""人们说陆小曼爱他，可我看了她在他死后的作为（拒绝认领遗体）后，我不认为那叫爱，爱代表善尽责任、履行义务。"因此，张幼仪说："在他一辈子遇到的几个女人里面，说不定我最爱他。"

三　日记究竟拿到没有

1931年1月28日，林徽因从胡适那里拿到一只箱子。回家后小心翼翼地打开，并做了清点，然后给胡适写了封信。信中说：

> 由您处拿到一堆日记簿（有满的一本，有几行的数本，皆中文，有小曼的两本，一大一小，后交叔华由您负责取回的），有两本英文日记，即所谓 Cambridge 日记者一本，乃从 July31.1921 起。次本从 Dec.2nd（同年12月2日）起始，至回国止者，又有一小本英文为志摩一九二五年在意大利写的。此外几包晨副原稿，两包晨副零张杂纸、空本子、小相片、两把扇面、零零星星纸片，住址本。

信中提到的"Cambridge 日记"就是康桥日记，也是林徽因最想拿到的日记本。因为这本日记里记载着徐志摩与林徽因的恋情，一旦公布，必定损害林徽因的公众形象。如果徐志摩活着，即便知道他的日记里有彼此恋情的记载，林徽因也不会有什么提防，因为她相信，爱她既深且切的徐志摩，不会做出对不起她的事情。如今徐志摩去世了，这些日记又保存在另一个女人手里,林徽因就不能不着急了。

那么这个女人是谁?这只箱子又是怎么一回事呢?

这个女人叫凌叔华,这只箱子是徐志摩的,叫八宝箱,又称文字因缘箱。

1925年3月,徐志摩因与陆小曼恋爱引起纷纷舆论,他决定去欧洲旅游。临走前,他把箱子交给凌叔华保管。此箱即世传的徐志摩的八宝箱。

凌叔华生于1900年,原名凌瑞唐。笔名有叔华、素心、素华、文川、风等。

1934年,林徽因于北京北总布胡同家中

凌叔华是在1924年参加接待泰戈尔的工作中认识徐志摩的，以后便书信常来往。徐志摩认凌叔华是他的知音，是能接受他倾诉心声的理想对象，请求凌叔华做他与陆小曼之间的"通信员"。凌叔华答应了徐志摩的请求。

徐志摩将箱子交给凌叔华时，凌叔华刚从燕京大学外文系毕业不久，而且与后来成为她丈夫的陈西滢来往密切。社会上曾谣传徐志摩和凌叔华在谈恋爱，凌叔华矢口否认，只承认她是徐志摩的一个"容受并了解他的苦闷"的文友。

凌叔华为人温柔敦厚，谨慎小心。

徐志摩认为凌叔华为人可靠，不喜欢多说话，这正好为他保守秘密。而且，凌叔华写得一手好文章，1924年1月13日，自从她的小说处女作《女儿身世太凄凉》发表后，一发不可收了，写了不少小说、散文等，如《资本家之圣诞》《我那件事对不起他？》等。因此她读了徐志摩的日记文稿后，可以为他写一部好传记。当时，徐志摩把这只八宝箱交给凌叔华时，半开玩笑地说："若是我有意外，叔华，你得给我写一传记，这些破烂交给你了！"

但他怎么也不会想到，这个珍藏他个人隐私的箱子会引起陆小曼、林徽因、凌叔华的一场争夺战，而且胡适也被卷入。

1925年8月，陆小曼生病，催徐志摩回国。徐志摩从欧洲平安回来后，没有将寄存在凌叔华那里的八宝箱取回。徐志摩与陆小曼结婚，后又搬到上海居住，还是没有将箱子拿回来。

凌叔华给胡适写信时，说："我去日本时，他也不要，后来我去武昌交与之琳，才物归原主。"凌叔华去日本，是在1927年10月；去武昌是在1928年10月。由此所云交给卞之琳其实是凌叔华的记忆有误。卞之琳是在1931年初才认识徐志摩的。

卞之琳自己也曾说过："凌叔华致胡适信，说曾把徐'文字因缘箱'交与我，是她记错了，我从未闻此事，不知道她究竟交给了谁。"

那么，凌叔华将箱子交给谁了呢？有人考证是交给了一个名叫丽琳（Lilian Tailor）的美国女人。当时她与金岳霖同居，就住在凌叔华的家里。

那么，箱子何时又回到凌叔华的手里呢？

1931年8月，沈从文到胡适的家里去拜访徐志摩。徐志摩向沈从文讲述了自己青年时代的故事，林徽因就是他故事里的女主角。他还讲到自己与陆小曼的恋爱、结婚及现在的状况。徐志摩向沈从文透露，他有一个装着这些内容的箱子，现在放在硖石乡下。自己这一年中在北平和上海之间往返，所以没把箱子带在身边。他惋惜青年时代的那段故事现在还不宜写出来，但希望等他老后，等大家都老一点后，请沈从文参考他八宝箱里的东西为他写传。

沈从文离开北平到青岛后，徐志摩写信告诉他，八宝箱已经带出来了，等他到北平来的时候去看。那时，徐志摩住在北平胡适的家里，他觉得放在胡家有所不便，所以又将箱子交给在北平的凌叔华保管。

徐志摩一生风流浪漫，很多人在他去世后最感兴趣的是看他的私人日记和他与女友们的信件。当时在文化圈内盛传徐志摩在凌叔华那里藏有一个潘多拉式的八宝箱，一旦打开，就会有好戏看了。因此不少人在打这个箱子的主意。

陆小曼以未亡人的身份，想争取到编辑出版徐志摩日记和书信的专利权，于是在1931年12月26日写给胡适的信中说：

> ……他的全部著作当然不能由我一人编，一个没有经验的我，也不敢负此重责，不过他的信同日记我想由我编（他的一切信件同我的他的日记都在平，盼带来）。还有他别的遗文等也盼你先给我看过再付印。我们的日记更盼不要随便给人家看。千万别忘。

陆小曼在"别忘"下面，加了重点号。她在另一封信中又请求胡适将日记还给她。

再说林徽因，她与凌叔华原来是有交情的。早在1927年2

月15日她的父亲去世后她从美国写信给胡适,让他请凌叔华拍几张林氏雪池旧居的照片给她,以慰思念之情。凌叔华在北平的房子,原先是林长民和林徽因从欧洲回来时住过的,起名叫雪池,他们走后,凌家买下了这所房子。

于是,林徽因到凌叔华的家里去,不料她碰了个软钉子,凌叔华说:箱子是徐志摩的遗物,只有徐太太有资格保管。林徽因没办法,便请求胡适帮忙。

于是,胡适以编辑委员会的名义写信给凌叔华,要她交出八宝箱。凌叔华很勉强地将箱子交给了胡适派来的信使,同时又附了一封信,表示希望胡适把箱子交给陆小曼。结果,胡适于1931年11月28日把箱子交给了林徽因,就是笔者在前面说的。

林徽因拿到箱子后还是不放心,因为她手边的康桥日记,一本从1921年7月31日起,一本从同年12月2日至第二年8月回国,而徐志摩认识林徽因是在1921年的年初,这一段日记正好没有。这些日记,听张奚若说,凌叔华曾经给叶公超看过。

1931年12月7日,凌叔华到林徽因家去,说自己要编辑志摩信札,希望林徽因将徐志摩的信拿出来。林徽因以旧信都在天津,而推脱了。

林徽因心里很想要缺失的康桥日记，于是将八宝箱拿出来给凌叔华看，说胡适本想把这些东西交给孙大雨，自己不赞成，胡适就将这些全给了她，让她编个目录。然后，林徽因向凌叔华提出要看她手上的那本日记。林徽因没有拿出旧信在先，又以遗稿整理人的身份找凌叔华要日记，凌叔华当然不会给她。

凌叔华当时神色极不高兴，勉强答应让林徽因后天，即12月9日到她家去拿。

林徽因是个聪明人，为了换得那本康桥日记，她让凌叔华带走了陆小曼的日记。

12月9日，林徽因准时到凌叔华的家里去取日记。凌叔华不在家，也许是故意出去的。凌叔华留便函说：

> 昨日遍找志摩日记不得，后检自己当年日记，乃知志摩交我乃三本：两小，一大，小者即在君处箱内，阅完放入的。大的一本（满写的）未阅完，想来在字画箱内（因友人多，加意保全），因三四年中四方奔走，家中书物皆堆叠成山，甚少机缘重为整理，日间得闲当细检一下，必可找出来阅。此两日内，人事烦扰，大约须此星期底才有空翻寻也。

林徽因也留条，说请务必找出借阅，因为日记中有关于自己的部分，所以迫切想读到，希望她能理解。

在林徽因到凌叔华家去的第二天，即1931年12月10日，凌叔华给胡适写了封信，她说：

适之：

　　志摩一九二五年去欧时曾把他的八宝箱（文字因缘箱）交我看管，欧游归，与小曼且结婚，还不要拿回，因为箱内有东西不宜小曼看的，我只好留下来，直到去上海住，仍未拿去。我去日本时，他也不要，后来我去武昌交与之琳，才物归原主。这是志摩爱惜羽毛，恐防文字遭劫，且不愿世上添了憎恶嫉妒的苦衷吧，我想。今年夏天从文答应给他写小说，所以把他天堂地狱的"案件"带来与他看，我也听他提过（从前他去欧时已给我看过，解说甚详，也叫我万一他不回来时为他写小说），不意人未见也就永远不能见了。他的箱内藏着什么我本来知道，这次他又告诉了我的。前天听说此箱已落徽音处，很是着急，因为内有小曼初恋时日记二本，牵涉是非不少（骂徽音最多），这正如从前不宜给小曼看一样不妥。我想到就要来看，果然不差！现在木已成舟，也不必说了。只是我觉得我没有早想到说出，有点对志摩不住。现在从文信上又提到"志摩说过叔华是最适宜料理'案件'的人"，我心里很难过，可是没有办法了，因为说也是白说，东西已经看了。杀风景的事是志摩所恨的。我只恨我没有早想到。我说这事也没有什么意思，我并不想在我手中保管（因此时风景已杀，不必我保管，且我亦是飘泊的人），请你不必对徽音说，多事反觉不好。不过内中日记内牵

> 涉猎海及你们的闲话（那当然是小曼写给志摩看的），不知你知道不？这也是我多管闲事，其实没有什么要紧吧。
>
> ……………
>
> 叔华 12 月 10 日

凌叔华在信中一再说八宝箱给林徽因是不妥的，"听说此箱已落徽音处，很是着急"。但胡适偏向林徽因是无疑的。凌叔华没有得到胡适的支持，手上的日记又给人看过，不拿出来怕是说不过去。于是，在1931年12月14日，星期一，凌叔华将徐志摩的半本日记送到林徽因家里，这本日记有128页。恰巧林徽因不在家，凌叔华留下条子就走了。

林徽因回到家，看见日记非常高兴，可是仔细读下来，发现有问题。这本日记自1920年11月17日开始，以"计划得很糟"一句终，正巧断在刚要遇到林徽因的前一两日。林徽因当然很生气。但碍于面子，不好与凌叔华去说什么。她又去求助于胡适。同年12月28日，胡适致信凌叔华，追要徐志摩日记半本之余的部分。胡适在信中说：

> 昨始知你送在徽音处的志摩日记只有半册，我想你一定是把那一册半留下做传记或小说的材料了。
>
> 但我细想，这个办法不很好。其中流弊正多。第一，材料分散，不便研究。第二，一人所藏成为私有秘宝，则余人所藏

也有各成为私有秘宝的危险。第三，朋友之中会因此发生意见，实为最大不幸，决非死友所乐意。第四，你藏有此两册日记，一般朋友都知道。我是知道的，公超和孟和夫妇皆知道，徽音是你亲自告诉她的。所以上星期编的遗著略目，就注明你处存两册日记。所以我今天写这信给你，请你把那两册日记交给我。我把这几册英文日记全付打字人打成三个副本，将来我可以把一份全的留给你做传记材料。

如此则一切遗留材料都有副本，不怕散失，不怕藏秘，做传记的人就容易了。

请你给我一个回信。倘能把日记交来人带回，那就更好了。

1932年1月22日早上，日记送到了米粮库胡同4号胡适的家里。胡适在这天的日记中写道："今天日记到了我的手中。"凌叔华还附了一封信，信曰：

适之：

外本璧还，包纸及绳仍旧样，望查收。此事以后希望能如一朵乌云飞过清溪，彼此不留影子才好。否则怎样对得起那个爱和谐的长眠人！

你说我记忆不好，我也承认，不过不是这一次。这一次明明是一个像平常毫不用准备的人，说出话，行出事，也如平常一样（即仍然说一二句前后不相呼应的话，也见好于人而已），却不旁人是有心立意的观察指摘。这有备与未备分别大得很呢。算了，只当我今年流年不利吧。我永远未想到北京的风是这样刺脸,土是这样迷眼。你不留神,也许害一场病。这样也好,省得总依恋北京。即问你们大家都好。

即日

胡适拿到日记后,读后发现缺了4页。他在日记中写道:

> 我查此半册日记的后幅仍有裁去的四叶。我真有点生气了。勉强忍了下去,写信去讨这些脱叶,不知有效否……这位小姐到今天还不认错。

当初,朋友们想为徐志摩编纂日记、书信集,为他写小说、传记等打算,首先在林徽因这儿遇到了阻力,考虑到林徽因的影响和声望,这阻力起了决定性的作用。

在八宝箱的问题上,林徽因是胜利者,而凌叔华是失败者,直到晚年,凌叔华在信中,还是抑制不住对林徽因的不满。而林徽因在事情结束后,没再提此事。1936年,她编辑《大公报文艺丛刊小说选》时,似乎是为了摒弃前嫌,特地选了一篇凌叔华的小说《无聊》。

八宝箱里的文件,历来的说法,都说是胡适给了林徽因,林徽因在去世前全烧了。

总而言之,在台湾再版的《徐志摩全集》里没有徐志摩的康桥日记。这是真的。这套书是1969年,邀请梁实秋和蒋复璁两位教授主持编印的。

四 爱即关怀

1926年，林徽因（前左）、梁思成（前右）等人在宾夕法尼亚大学

金岳霖生于1895年8月26日，比林徽因大9岁。他的祖籍是浙江省诸暨，但他却生在湖南省长沙市。祖父金春生在农村管理农田。父亲金聘之是清朝盛宣怀尚书的部属，三品顶戴，后来到湖南做官，追随张之洞搞洋务运动，曾经担任过湖南省

铁路总办和黑龙江漠河金矿总办。金岳霖的母亲叫唐淑贤,是湖南衡阳人,出身于官宦家庭,为人贤惠善良持家有方。金岳霖有6个哥哥和2个姐妹,都是一母所生。他的兄弟姐妹都是有所建树的,如三兄为中国第一代工程技术人才。

金岳霖1914年9月从清华学校毕业后,以官费到美国留学,先入宾夕法尼亚大学读商业科,后改学政治学。过了10年,林徽因也来这个学校上学,成为先后的校友。1917年,金岳霖从宾夕法尼亚大学毕业,进入哥伦比亚大学学政治学,当时在那儿读书的还有张奚若、宋子文、孙科、蒋梦麟等。

金岳霖是一位风流儒雅的学者,致力于我国哲学、逻辑学的研究和教学工作,对我国逻辑学的建设和发展,对我国哲学研究和教育事业都做出了重大的贡献,在国内外学术界享有很高声誉。他多才多艺,擅作对联,对画有很高的鉴赏能力,酷爱京剧,爱打网球,还参加过斗蛐蛐的比赛,并且是个美食家。

金岳霖的一生天真浪漫,率性而行,是一个乐观、幽默的人。冰心说过,有幽默感的人,尤其是能在自己身上找到幽默资料的人,总是开朗、乐观而豁达的人,使人愿意接近。有次金岳霖对冰心说过一件趣事:"我这个人真是老了,我的记性坏到了'忘我'的地步!有一次我出门访友,到人家门口按了铃,这家的女工出来开门,问我'贵姓'。我忽然忘了我'贵姓'了。我说请你等一会儿，我去问我的司机同志我贵姓，弄得那位女工张着嘴半天说不出话来！"

金岳霖与徐志摩早就认识。1918年，他与徐志摩、张奚若、王伯衡等人共同发起创立《政治学报》编辑社，只出版了3期即停刊了。1922年3月，金岳霖到柏林，与吴经雄一起为徐志摩和张幼仪离婚做证人。1926年10月3日，徐志摩同陆小曼结婚，金岳霖是徐志摩的伴婚人。1928年年末，金岳霖同徐志摩、张彭春、瞿菊农等人赴江苏、浙江两省考察，为实践泰戈尔的农村建设计划选择实验区。此项活动得到泰戈尔的秘书恩厚之数百英镑的支援。后来选定浙江，但没有实施。

金岳霖在国外差不多待了10年，据说他与西方姑娘有几桩恋爱的故事，有一个还跟他到北京，但他终身未娶。那个西方姑娘就是前面提到过的美国姑娘丽琳。她与金岳霖在1924年同去法国游历，后又去意大利。1925年11月，丽琳小姐随金岳霖到中国，她倡导不结婚，但对中国的家庭生活很感兴趣，愿意从家庭内部体验家庭生活。徐志摩与丽琳也认识的，他在1928年12月13日由上海到北京后，给陆小曼写的信里说："老金他们已迁入叔华的私产那所小洋房，和她娘分住两厢，中间公用一个客厅。……丽琳还是那旧精神……"金岳霖确实是爱上了林徽因，并向她提出爱情要求，这使林徽因非常矛盾。我们来看看梁思成的第二任妻子林洙提供的一个珍贵资料：

梁、林二人之间的爱情是一种崇高的爱情，正如莎士比亚所说的，如果你真心地爱一个人，就应该希望那个人幸福。梁、林之间的爱情确实达到了为了对方的幸福，可以割去自己所爱的崇高境界。我曾经问起过梁公，金岳霖为林徽因终生不娶的事。梁公笑了笑说："我们住在总布胡同时，老金就住在我们家后院，但另有旁门出入。可能是在1931年，我从宝坻调查回来，徽因见到我哭丧着脸说，她苦恼极了，因为她同时爱上了两个人，不知怎么办才好。她和我谈话时一点不像妻子对丈夫谈话，却像个小妹妹在请哥哥拿主意。听到这事我半天说不出话，一种无法形容的痛苦紧紧抓住了我，我感到血液也凝固了，连呼吸都困难。但我感谢徽因，她没有把我当一个傻丈夫，她对我是坦白和信任的。我想了一夜该怎么办？我问自己，徽因到底和我幸福，还是和老金一起幸福？我把自己、老金、徽因三个人反复放在天平上衡量。我觉得尽管自己在文学文艺各方面有一定的修养，但我缺少老金那哲学家的头脑，我认为自己不如老金。于是第二天，我把想了一夜的结论告诉了徽因，我说你是自由的。如果她选择了老金，祝愿他们永远幸福。我们都哭了。当徽因把我的话告诉老金时，老金的回答是：'看来思成是真正爱你的，我不能去伤害一个真正爱你的人。我应当退出。'从那次谈话以后，我再没有和徽因谈过这件事。因为我知道老金是个说到做到的人，徽因也是个诚实的人。后来，事实也证明了这一点，我们三人始终是好朋友。我自己在工作上遇到的难题也带去请教老金，甚至连我和徽因吵架也常要老金来'仲裁'，因为他总是那么理性，把我们因为情绪激动而搞糊涂的问题分析得一清二楚。"

林徽因说："老金和思成真好。"

梁思成说："我们三人始终是好朋友。"

金岳霖说："梁思成、林徽因是我最亲密的朋友。"

林徽因是一个美丽的女人，也是一个懂得爱、充满爱的女人。她的美丽和爱心感染着她身边所有的人，那是上天赐予大家的共同的礼物。作为她的丈夫，梁思成最懂得，也最尊重这一点。他的高尚纯净和深沉的爱心，使他达到了很多男人永远无法达到的境界。他爱护美丽的妻子，同时尊重她、信任她、理解她。他绝无狭隘的猜忌之心，也从未企图独占林徽因的情感世界。她的异彩引起了嫉妒流言，但是，梁思成的信任和她自己的坦荡性格说明了一切，那是一份无须争辩的真实。无论是徐志摩、金岳霖，还是梁思成，林徽因付出的和得到的爱情都因为双方人格的高尚真纯而不受玷污。

金岳霖与梁家经常是邻居。有一次，金岳霖的学生殷海光来找金岳霖。他按照地址找到金宅，"这是个旧式的大房子，庭院里有古树，花木扶疏"。门房问明来意，把他领到客厅，一刻工夫，殷海光看见一位"个子高大，脸型方正，前庭饱满，戴眼镜，白发梳到后面，酷似一个英国绅士的中年人"站在他的面前，这就是金岳霖。殷海光说的这个"旧式的大房子"，即位于北总布胡同的梁思成和林徽因的家。每天，金岳霖除了早饭在自己家里吃以外，中饭和晚饭大都搬到前院和梁家一起吃。这样的生活维持到抗日战争爆发。1945年迁回北京，他们两家还是紧邻，关系非常融洽。有一天早晨，金岳霖正在书房里看书，忽然听见有一个男低音的声音："老金，老金！"他赶紧跑出去，抬头一看，好家伙，梁思成和林徽因都站在屋顶上，这可太危险了。金岳霖大喊他们赶快下来。谁知他俩却哈哈大笑，不久就下来了，金岳霖把他们说了一顿。

林徽因、梁思成还和金岳霖、朱自清、张子高等66位教授主持正义，开展爱国活动。在1936年10月25日，签名发表《教授界对时局的意见书》，提出抗日救亡的八项要求。此文刊载在《学生与国家》第1卷第2期上。

1932年，金岳霖家的客厅被大家戏称为"湖南饭店"，每星期六都有聚会。经常参加聚会的除了林徽因、梁思成外，还有张奚若和杨景仁夫妇，周培源和王蒂澄夫妇，陶孟和与沈性仁夫妇，陈岱孙、邓以蛰，还有美国朋友费正清和费慰梅夫妇等。

林徽因称赞金岳霖是一个"能理解同时又极客观极同情极懂得人性"的人。林徽因生病期间,金岳霖总是照料和陪伴她的几位好友之一。在那个年代,蛋糕可是个稀罕物,但是金岳霖总是设法将它买来,亲手端给林徽因吃。林徽因在给其他友人的信中说:"……我们几个人(张奚若、钱端升、老金和我)之间,也总有着一股相互信任和关切的暖流。"

金岳霖到了晚年,居然能讲出好多关于林徽因的事情。1983年,有同志到北京去拜访金岳霖,他们把一本用毛笔大楷抄录的林徽因诗集给他看。金岳霖轻轻地翻着,回忆道:"林徽因啊,这个人很特别,我常常不知道她在想什么。好多次她在急,好像作诗她没作出来。有首诗叫什么,哦,好像叫《黄水塘的白鸭》,大概后来诗没作成……"慢慢地,金岳霖翻到了另一页,忽然高喊起来:"哎呀,八月的忧愁!"接着,他念道:"黄水塘里游着白鸭,高粱梗油青的刚过了头……"几天后,他们又去金岳霖的家,谈起林徽因,他说:"林徽因这个人了不起啊,她写了篇叫《窗子以外》还是《窗子以内》的文章,还有《在九十九度中》,那完全是反映劳动人民境况的,她的感觉比我们快多了,她有多方面的才能,在建筑设计上也很有才干,参加过国徽和人民英雄纪念碑设计,不要抹杀了她其他方面的创作啊……"接着,话又转到徐志摩的身上。"林徽因被她父亲带回国后,徐志摩又追到北京。临离伦敦时他说了两句话,前面那句忘了,后面是'销魂今日进燕京'。看,他满脑子林徽因,我觉得他不自量啊。林徽因梁思成早就认识,他们是两小无猜,两小无猜啊!两家又是世交,连政治上也算世交。徐志摩总是跟着要钻进去,钻也没用!徐志摩不知趣,我很可惜徐志摩这个朋友。""比较起来,林徽因思想活跃,主意多,但构思画图,梁思成是高手,他画线,不看尺度,一分一毫不差,林徽因没那本事。他们俩的结合,结合得好,这也是不容易的啊!"临走时,来访者送他一张复制的林徽因的大照片。金岳霖捧着照片凝视着,喃喃自语道:"啊,这个太好了!这个太好了!"当来访者想请他为林徽因文集写篇文章时,他说:"我所有的话,都应该同她自己说,我不能说。我没有机会同她自己说的话,我不愿意说,也不愿意有这种话!"

金岳霖把梁家的一对子女当作自己的孩子一样,教他们英语,陪他们玩。

后来,金岳霖一直住在梁从诫的家里,在他的精心照料下,安度晚年,直到1984年10月19日在家中安然去世。

五　太太客厅

20世纪30年代，林徽因住在东城北总布胡同时，虽然严重的肺病侵蚀她的健康，但生活相对比较安逸。她家的客厅，在北平文化圈里颇有名气。当时，一大批文坛巨子名流常常聚集在这里，一杯清茶，些微点心，谈文学，说艺术，天南地北，古今中外。

20世纪30年代中期，林徽因在北总布胡同3号家中

在"太太客厅"里,林徽因是中心人物,而在朱光潜、梁宗岱的文化沙龙里,在北平著名的茶轩"来今雨轩"里,林徽因一直是最活跃的人物,读诗辩论,她的双眸因为这样的精神会餐而闪闪发光。朋友是林徽因生活中的重要组成部分,她的优秀也是因为他们的欣赏与鼓励。朋友之间的友谊,语言的互相欣赏甚至是她生活的目的。政局你是无法左右的,物价你也控制不了,在对动荡变迁的时代生活表现深深的无奈之中,只有朋友的真诚关心与精彩言论是不变的,他们的坚强促成了她的坚强,他们的感情就是冬天的炉火、夏天的凉风,就是她精神上的牛奶与大米。朋友的到来永远是那么及时又弥足珍贵,它使人在悲苦绝望之中也感受到生活的无比美好、生活的值得。所以在林徽因家几经搬迁之后,无论在山庄还是在海边还是回到北平,总是有朋友追随着他们家,彼此因欢聚而欣喜若狂、烦忧全抛。所以林徽因说在战乱奔波之中,至少说明我们是同一类人——那种永远以热情去辉映朋友,同时也是离不开朋友的人。

带着地图旅行的著名作家萧乾,就是在"太太客厅"里认识林徽因的。这还得从他的老师沈从文说起。

沈从文是萧乾文学路上的第一个老师,萧乾是沈从文的第一个大弟子。在萧乾文学与文化活动的最初途程,他们两人的关系十分密切，沈从文对萧乾产生了毋庸置疑的重要影响。

萧乾结识沈从文时，沈从文已是著作颇丰、影响较大的作家了，而萧乾只是一个年轻的大学生。那是在1930年，萧乾与美国的安澜在编辑期刊《中国简报》，经萧乾的老师杨振声介绍，萧乾访问了沈从文。沈从文对萧乾很热情，请他到饭店去吃饭。萧乾对沈从文很崇拜，想把他写的菜单保存下来。沈从文说，不要保存，今后我会给你写许多信的。此后，沈从文确实给萧乾写了许多信，而且每次以"乾弟"相称。

在这次见面后，萧乾即以《当今中国一个杰出的人道主义讽刺作家》为题，写了一篇专访，刊登在《中国简报》上。1933年秋天，萧乾将自己的第一篇小说《蚕》送给沈从文，请他指教，当时沈从文正在编辑《大公报·文艺副刊》。

萧乾在《我这两辈子》中说："9月的一天，我坐在未名湖石舫上东想西想，忽然跑回6楼宿舍，摊开稿纸一口气拉出一篇小说——《蚕》。我登上自行车，由大钟寺抄近，一口气就来到达子营沈家。我只是说，划拉了一篇东西请沈先生过过目。……抽冷子我看见我那篇《蚕》登在《大公报·文艺版》上。"沈从文在萧乾《蚕》的稿子上，做了一些修改，这使萧乾非常感动并从中得益匪浅。

萧乾的短篇小说《蚕》，在天津《大公报·文艺副刊》上发表了。作品登在报纸的最下端，为了挤篇幅，行与行之间甚至未加铅条，排得密密匝匝。没想到，林徽因非但读了，还特地写信给沈从文，要他约请萧乾到她家去。

那天，还是燕京大学三年级学生的萧乾穿了一件新洗的蓝布大褂，先骑自行车到沈家，然后与沈从文一起到"太太客厅"。萧乾早就听说林徽因的肺病很厉害，经常躺在床上，谁知当他看到林徽因时，不禁呆掉了：只见她穿了一套骑马装，显得美丽动人，英俊潇洒，一点儿也不像个病人，却像个运动员。原来她时常和朋友到外国人的俱乐部去骑马的。

林徽因与萧乾说的第一句话是："你是用感情写作的，这很难得。"这句话给了萧乾很大的鼓励，多少年后他还常常想起这句话。

自从《蚕》发表后，萧乾成了新婚不久的沈家的座上客。也正是沈从文的推荐，于1935年7月从燕京大学毕业的萧乾，到《大公报》工作，并继沈从文之后主持《大公报·文艺副刊》。这在他一生中是很重要的阶段。在北方他依靠杨振声、沈从文，南方则是巴金。

萧乾在主编《大公报·文艺副刊》时，每月都要回北平，邀请文艺界名流到中央公园著名的茶轩——"来今雨轩"品茶征文。"来今雨轩"景色古雅，是文人聚集的好去处。林徽因每请必到，而且每每一番宏论语惊四座。人们对这位才女非凡的艺术鉴赏力赞叹不已。正为此，在"来今雨轩"，萧乾郑重地请林徽因选编《大公报文艺丛刊小说选》，并为之作序。这部选本交由良友图书公司出版后，很快引起文学界的重视，至今影印本仍流传民间。

林徽因在《〈文艺丛刊小说选〉题记》里，在不长的篇幅里，谈到了小说的题材，小说的技巧，以及编者对选入的小说的见解。她说："在这些作品中，在题材的选择上似乎有个很偏的倾向：那就是趋向农村或少受教育分子或劳力者的生活描写。这倾向并不偶然，说好一点，是我们这个时代对于他们——农人与劳力者——有浓重的同情和关心；说坏一点，是一种盲从趋时的现象。但最公平的说，还是上面的两个原因都有一点关系。描写劳工社会，乡村色彩已成一种风气，且在文艺界也已有一点成绩。"

在技巧上，林徽因觉得作品的作者大多数是写一段故事，或者以一两个人物为中心，或者以某个地方上发生的一件事情为主干线，单纯地加以发展，然后简单地结束。林徽因以为这是作者误会了短篇小说的概念，她感到很遗憾。

萧乾说："在我编《大公报·文艺副刊》期间，徽因一直是我的啦啦队。"1937年，《大公报》举办文学奖时，林徽因是主要的组织者和评委之一。当时评出的有芦焚的《谷》，获小说奖；曹禺的《日出》，获戏剧奖；何其芳的《画梦录》，获散文奖。

沈从文是常常到林徽因家去的，他从小在湘西长大，当过兵，到过很多地方，有着非常丰富的生活底子，都成为他创作小说时的素材。林徽因非常喜欢他的作品，因为那里面有着很离奇的情节，很特别的人物，都是她闻所未闻的。而且她的作品大部分是刊登在他当时主编的《大公报·文艺副刊》上，这进一步增加了他们的友谊。林徽因与沈从文属于同辈人，但林徽因对他却有种母亲关怀儿子的感情。沈从文碰到一些事，会跑到林徽因家去寻求安慰。

在林徽因的"太太客厅"里，常来的还有几个正在上大学的梁家侄女，她们爱把同学带来，觉得这儿充满生气，并且会碰上一些诗人、作家，他们是林徽因作品的崇拜者，为她的魅力而来。

六　梁家添一丁

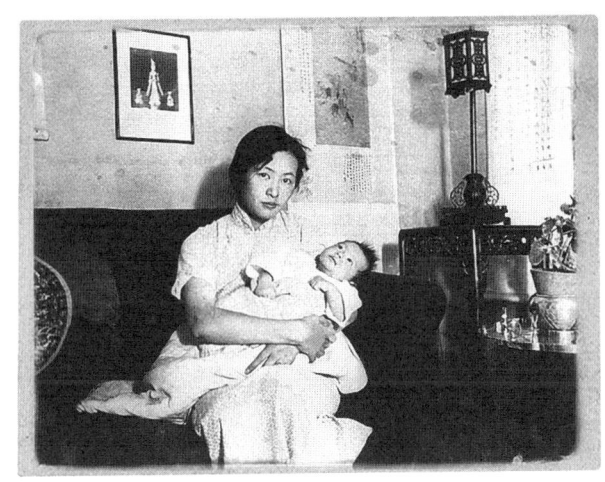

1932年，林徽因和儿子梁从诫在北总布胡同3号家中

1932年8月4日这一天，梁思成焦急地等在房子外面，他的妻子正在生孩子，不知是男还是女？

屋里传出一声婴儿响亮的哭声，是个男孩，这可是件大喜事。他们抱着这个浑身粉红色的婴儿，想着该给他起个好听的名字。他们想起了宋朝的李诫（明仲），中国古代建筑文献很少，只有李诫留下一部《营造法式》，林徽因和梁思成对这部书非常欣赏，想把它写成现代人可以读的一部书。基于他们对

1936年，林徽因与儿子梁从诫在故宫

建筑学的爱好，干脆就叫儿子从诫吧，意思就是"效法李诫"，希望儿子能"克绍箕裘"。

林徽因这时担起了操持家务的重任。她要照顾大女儿，带刚出生的小儿子，还有她的母亲和丈夫，并且管着六七个仆人，而她自己还有好多事业要干。在书桌和画板前，她简直没有一刻安宁。家里大大小小的事情，都得由她来决定。

梁从诫说母亲对他的一生影响最大的有两件事：

"第一是她从小就教我做人的原则是'Be yourself'，要我本本分分地做自己，是个什么样儿的人就是什么样儿，不要装腔作势，套句现在流行的说法就是'玩深刻'，必须是真的深刻，而不要故作深刻状，我母亲对这种故作姿态特别反感。

"另外一件事，我在《林徽因文集》里也有提到，1946年抗战已经胜利，我曾和她谈起1946年，当时日本人已打到贵州，直逼当时的临时政府所在地重庆，我问她，如果当时日本人真的打到重庆了，中国亡了，你们怎么办？我母亲笑了笑说：'中国知识分子还有老传统嘛，门口不就是条扬子江吗？'当时我听了非常震动，又急着问：'我一个人在重庆读书，你们就不管我啦？'我母亲说：'如果真到了那一天，也就顾不上你了！'这种凛然大气出自一位病得气若游丝的女性口中，平淡的口气更令我感到震撼，由此可以看出她对国家民族的那种忠诚，正是宁死也不做亡国奴，这样一种爱国热诚，对我有深深的影响。"

林徽因教育子女的思想是一贯的。抗日战争爆发时，林徽因给正在外地随亲戚过暑假的梁再冰写信，那上面的字写得大而整齐，她说："如果日本人要来占北平，我们都愿意打仗。我觉得现在我们做中国人应该要顶勇敢，什么都不怕，不怕打仗，更不怕日本人，要什么都顶有决心才好。"

妈妈教梁从诫如何做人，那么爸爸呢？梁从诫说："我父亲给我的是另一种影响——动手的能力。父亲是一个'干活'

的人，调查、找资料、绘图，无一不要自己动手，我也就养成了这种习惯。譬如说，家中电灯等等东西坏了，基本上是不出门，都由我自己修，连菜刀都是我自己磨，外头磨的，家里人还用不惯呢！"

1934年5月，在《学文》第1卷第1期上刊登了林徽因的一首诗，题目叫《你是人间四月天—— 一句爱的赞颂》。是写给出生不久的儿子的。

诗曰：

> 我说你是人间的四月天；
> 笑响点亮了四面风；轻灵
> 在春的光艳中交舞着变。
>
> 你是四月早天里的云烟
> 黄昏吹着风的软，星子在
> 无意中闪，细雨点洒在花前。
>
> 那轻，那娉婷，你是，鲜妍
> 百花的冠冕你戴着，你是
> 天真，庄严，你是夜夜的月圆。
> 雪化后那片鹅黄，你像；新鲜
> 初放芽的绿，你是；柔嫩喜悦
> 水光浮动着你梦期待中白莲。

> 你是一树一树的花开，是燕
> 在梁间呢喃，——你是爱，是暖
> 是希望，你是人间的四月天！

当记者问梁从诫：有人说这首诗是写给徐志摩的，你认为如何？梁从诫说：

"我母亲去世以后，有一次我父亲问我：'你知道这首诗是写给谁的吗？'我说不知道啊。我父亲说：'这首诗是你妈妈写给你的。'我说，是吗？！我父亲说：'那时候你刚出生，你妈妈在喜悦中写了这首诗。'那么，我们现在来看这首诗，它的内容也的确是说明它是写一个新的生命，它绝对不是一首悼亡诗。'雪化后那片鹅黄，你像；新鲜初放芽的绿，你是；柔嫩喜悦水光浮动着你梦期待中白莲。''鲜妍百花的冠冕你戴着'。'你是一树一树的花开，是燕在梁间呢喃，——你是爱，是暖，是希望，你是人间的四月天！'是吧，不论怎么看，这首诗都是那样喜悦、光明，它只能是写给一个新生的生命，写给一个充满希望的东西，而不可能是写给一个刚刚死去的挚友的悼亡诗。"[1]

"挚友"，指的是徐志摩。

---

[1] 祝晓风《梁从诫直言：电视剧〈人间四月天〉是对历史事实和文化精神的双重歪曲》，载 2000年5月10日《中华读书报》。

林徽因和梁思成从来没有以自己在社会上的地位和影响为子女做过一件事情。那一年，梁从诫考大学，他报考的第一志愿是清华大学的建筑系，可是由于分数不够，结果分到历史系。其实，那时梁思成是清华大学的教务长，建筑系的老师都是梁从诫的叔叔伯伯辈的熟人，家里的任何一个人，只要说一声，打个招呼，梁从诫就可以不费吹灰之力进入建筑系了。可是他们没有这么做。

梁从诫的姐姐梁再冰当时考大学也出现这种情况。那时清华大学、北京大学、南开大学联合招生，梁再冰填的第一志愿是清华大学，发来的录取通知却是北京大学，因为北京大学的录取分数线比清华大学略低一点。林徽因不相信自己的女儿竟然会达不到清华大学的分数标准，于是她就到学校去看女儿的考卷，看了以后她才服气了。当时，考卷上不能写自己的名字，只能写一个号码，这样作弊的可能性就微乎其微了。林徽因也没去说情，就回来了。

1958年，梁从诫从清华大学历史系研究班毕业后，在大学里教书，后来在研究所里搞过国际关系研究，也在农村"修过地球"，在出版社当过编辑。1988年，他自砸饭碗，在民办的文化学术团体——中华文化书院当历史学教授。1993年6月5日，梁从诫和60多位热心环境保护的人士在北京西郊玲珑园组织了一次关于环境问题的恳谈会。这次会议是中国历史上第一次自发的民间绿色讨论会。1994年3月，梁从诫与杨东平、王力雄、梁晓燕等共同发起成立了中华书院的绿色文化分院，人们称它为"自然之友"。它以教育民众保护环境、善待自然为己任。

"自然之友"的经费全部都来自会员会费和社会捐助。他们的工作人员很少，只有4个人。

"自然之友"已引起有关方面的重视。1998年6月2日，克林顿总统抵达中国前两天，美国驻华使馆紧急电传梁从诫，邀请他出席7月2日将在桂林举行的总统与中国民间人士关于环境问题的圆桌讨论会。梁从诫赶紧搜集材料，准备发言。起程前两天，忽然想起该送总统个什么礼物？办公室同仁一致认为，奚志农的金丝猴照片最合适。7月1日，梁从诫便带着"金丝猴母子"一道上了飞机。当梁从诫把照片送给总统时，总统问：金丝猴还有多少？梁从诫说，大约不足1200只。这是灵长类中除人类之外唯一的红唇动物。总统望着照片，说："哦，那是我的表亲！"大家一听，都笑了起来。

梁从诫从事环境保护及文物保护的工作，明显受了母亲的影响，那就是林徽因的社会责任感和历史责任感。梁从诫说："我希望能为后代子孙们保留祖先留给我们的文化遗产及自然遗产，这两项遗产一旦失去都是不可复得的。"

梁再冰在北平解放时，曾参加南下工作团。当时，林徽因的健康极差，女儿此一去，可能就永不会再见面了，但林徽因与女儿告别时，没有流露出一点悲伤，而是微笑着。这真是伟大的母亲啊，她要在女儿的脑子里留下美好的印象。梁再冰后来嫁居英国伦敦。

第三章

创作才能

林徽因诗作手迹

深笑

是谁笑得那样甜,那样深,
那样圆转?一串一串明珠
大小闪着光亮,迸出天真!
清泉底浮动,泛流到水面上,
灿烂,
分散!

是谁笑得好花儿开了一朵?
那样轻盈,不惊起谁。
细香无意中,随着风过,
拂在短墙,丝丝在斜阳前
挂着
留恋。

是谁笑成这百层塔高耸,
让不知名鸟雀来盘旋?是谁
笑每天这万千个风铃的转动,
从每一层琉璃的檐边
摇上
云天?

一 诗人之魂

新月社最初是由徐志摩的父亲徐申如和他的好友黄子美两人于1923年3月,出资在北京西交民巷西松树胡同7号租赁的一所四合院中发展起来的。先是作为他们诸亲好友经常碰面聚餐的场所,由黄子美任总管。他们特地雇用了一位曾经在清宫里担任过御厨的人,因此有极可口的饭菜。此外,室内还有沙发、书报等。参加的人每月必须交纳月费,最初是定每两星期聚餐一次,每逢节日还增加各种活动,如新年有年会,元宵节有灯谜会,中秋有赏月晚会,还举办古琴会、书画会、读书会等。

参加聚餐会的人很复杂,有政界、军界、学者、文人等,如梁启超、叶恭绰、张公权、胡适、丁文江、林长民、徐志摩、陆小曼、王赓等,其后又有丁西林、瞿世英、顾一樵、潘光旦、熊佛西、陈衡哲、叶公超、周作人、闻一多、饶孟侃、余上沅、梁秋实、张禹九等,林徽因和梁思成也参加的。

1924年泰戈尔访华时,出面接待的都是聚餐会的成员。这些人经常有作品发表在各报纸杂志上,因此徐志摩曾经有个感望，想办一个综合性的杂志《理想》月刊，但因没有合适的发行机构和人员，没有办起来。在泰戈尔来华之前，他们想给聚餐会取个名称。因泰戈尔有本诗集叫《新月集》，正好那时聚餐会举行了一个灯谜会，胡适有首灯谜："新月一钩斜，玉手纤纤指，郎心爱妾不？道个真传示！"大家都说"新月"这两个字好，于是聚餐会定名为"新月社"，时间在1924年。

以新月社俱乐部为中心的前期新月派，是一个有政治、思想学术、文艺等各方面人士参加的社交团体，而前期新月诗派是指以新月派成员闻一多、徐志摩为中心的《晨报副刊·诗刊》诗人群；后期新月派是指新月书店和《新月》月刊为阵地的知识分子群，后期新月诗派则指集合在《新月》月刊和《诗刊》周围的一个诗人群。

新月诗派是活跃于二十世纪二三十年代的一个文学流派，认真地提倡和实验新诗"格律化"，是新月派一以贯之的奋斗目标。虽然，前期和后期的新月诗派在政治倾向上有所不同，在艺术观方面，也显示了发展过程中的阶段性，但是在流派个性上，始终保持着总体的一致性和前后的连贯性。

历来，对新月诗派及其所倡导的诗歌格律运动，毁誉纷纭，褒贬不一。

闻一多在《诗的格律》里，开宗明义地打出了新诗格律运动的旗号。他说:"越有魄力的作家,越是要戴着脚镣跳舞才跳得痛快,跳得好。只有不会跳舞的才怪脚镣碍事,只有不会作诗的才感觉得格律的束缚。对于不要作诗的,格律是表现的障碍物;对于一个作家,格律便成了表现的利器。"从解放诗体到提倡格律,从扔掉"镣铐"到重新戴上"镣铐",标志着新诗的发展经历了否定之否定的过程,进入一个更高的发展阶段。

新月诗派的另一个代表人物是徐志摩,曾自称为创造社的追随者。他在给成仿吾的信中说:自己对创造社的"诸贤向往已久,在海外每厌新著浅陋,及沫若诗,始惊华族潜灵,斐然竟露。今识君等,益喜同志有人,敢不竭驽薄相随,公辟新土"。

20世纪30年代初期,徐志摩坠机身亡,闻一多转入学术研究,后期新月诗派中的一些人,使新的格律僵化为"豆腐干"式的框框。他们重形式,轻内容,远离了火热的时代生活,使格律运动走到了自身的反面。那么,不知林徽因是否是因为这些原因,而"不认为自己就是'新月派',也不喜欢人家称她为'新月派诗人'呢"?

其实,从林徽因留下的近60首新诗中,完全可以看出她的诗艺与才华。女诗人在新月诗派接近风流云散时期开始写诗,无疑地,她是受了这一流派的诗歌理论和创作的影响开始自己的新诗创作。她的诗也具有新月诗派所提倡的音乐美和建筑美：注重情感与意象的相互融会，而以语言文字的声音意义来描画和表达。但她没有走进后期新月诗派所走的那条形式主义的窄胡同，所作不是方块的格律诗，而是形式比较自由的格律诗。林徽因的诗始终保持着个人的独特风格，在艺术上有着较高的成就。她的诗不仅融入了外国的和中国古典诗歌的词汇与表现手法，也吸收了口语，显得清莹温婉，整齐而自然。由于林徽因受新月诗派注重"艺术美"的诗歌理论的影响，她十分重视艺术技巧，在内容方面多抒写个人情怀，与社会现实有一定的距离，不像她的有些小说和散文那样敢于面对现实，提出尖锐的问题。当然，在诗歌里也不乏富有哲理意味的、真挚地反映诗人对社会人生体验的优秀作品。

　　林徽因在创作上受徐志摩的影响比较大。林徽因与徐志摩在一起时，两人曾共同吟诵诗歌，当林徽因写诗时，自然会下意识地随着徐志摩的诗的感觉走。茅盾在《徐志摩论》里讲到徐志摩的诗时，说："圆熟的外形，配着淡到几乎没有的内容，而且这淡极了的内容也不外乎感伤的情绪，——轻烟似的微哀，神秘的象征的依恋感喟追求"，"然而这是一种体，——或一派，是我们这错综动乱的社会内部某一部人的生活和意识在文艺上的反映。不是徐志摩，做不出这首诗"！

我们来看看林徽因发表在 1948 年 2 月 22 日《经世日报·文艺周刊》第 58 期上的一首诗：《六点钟在下午》。这首诗当时在朋友中非常流行，清华大学建筑系的吕俊华，在事隔 30 多年后，居然还能背这首诗。诗曰：

用什么来点缀

六点钟在下午？

六点钟在下午

点缀在你生命中，

仅有仿佛的灯光，

褪败的夕阳，窗外

一张落叶在旋转！

用什么来陪伴

六点钟在下午？

六点钟在下午

陪伴着你在暮色里闲坐，

等光走了，影子变换

一支烟，为小雨点

继续着，无所盼望！

类似这样的诗，在林徽因的作品中还有一些，如《时间》《展缓》《静坐》等。

如果说《六点钟在下午》是作者自创的上下片对称的两段体格律诗，那么《一串疯话》的结构，就是将律诗里的词序颠倒，达到了平铺直叙所不能达到的效果。

以现代汉语为基础的格律诗，在林徽因的笔下运用得游刃有余。最好的格律诗，使人感觉不到格律的存在，也就是说：最高的技巧——无技巧。

在抒发个人感情的诗作中，分量最重的要数《哭三弟恒——三十年空战阵亡》这首诗了。

梁思成在写给费慰梅的信中讲了林恒牺牲的事情，他说："3月14日（1941年），她的小弟弟林恒，就是我们在北总布胡同时叫三爷的那个孩子，在成都上空的一次空战中牺牲了。"

林徽因悲哀弟弟的早亡：

> 假使在这不可免的真实上
> 多给了悲哀，我想呼喊，
> 那是——你自己也明了——
> 因为你走得太早，
> 太早了，弟弟，难为你的勇敢，
> 机械的落伍，你的机会太惨！
> …………
> 弟弟，我已用这许多不美丽言语
> 算是诗来追悼你，

> 要相信我的心多苦,喉咙多哑,
> 你永不会回来,我知道
> 青年的热血做了科学的代替;
> 中国的悲怆永沉在我的心底。

武器的落后,中国的不强大,致使了弟弟的牺牲,但是现在的武器有所改变,林徽因在诗中说:

> 我们已有了盟友、物质同军火,
> 正是你所曾经希望过。
> 我记得,记得当时我怎样同你
> 讨论又讨论,点算又点算,
> 每一天你是那样耐性的等着,
> 每天却空的过去,慢得像骆驼!
>
> 现在的驱逐机已非当日你最想望
> 驾驶的"老鹰式七五"那样——
> 那样笨,那样慢,啊,弟弟不要伤心,
> 你已做到你们所能做的,
> 别说是谁误了你,是时代无法衡量,
> 中国还要上前,黑夜在等天亮。

林徽因在昆明时,家里经常有一批特别的朋友,那就是空军航校的学员。他们都是城市中投笔从戎的爱国青年,把林徽因当作姐姐,对她诉说自己的乡愁和种种苦闷。当他们毕业时,邀请林徽因和她丈夫做他们的名誉家长,出席毕业典礼。他们在抗日战争还没结束的时候,就在与日本人打仗中壮烈牺牲,他们的遗物便寄放在林徽因的家里。林徽因每看一次这些遗物就会哭一次。因此,她在《哭三弟恒——三十年空战阵亡》中写着:

> 啊,你别难过,难过了我给不出安慰。
> 我曾每日那样想了几回:
> 你已给了你所有的,同你去的弟兄
> 也是一样,献出你们的生命;
> 已有的年轻一切;将来还有的机会
> 可能的壮年工作,老年的智慧;
> ……

林徽因的这首悼亡诗,可以说不单是针对三弟一个人的,而是献给她所认识的所有以身殉国的飞行员朋友,也可以看出她对民族命运的忧思。

林徽因具有中西方文学、建筑、美术等各方面的深厚修养,这铸就了她独特的语言风格。在她的诗作里常常会出现对建筑形象和色彩的描绘,或以之作为文学上的比喻。如城楼、城墙、古城、深院、石桥、栏杆、高塔等建筑物常入她诗,发挥比喻、隐喻、暗示等作用。

林徽因在《深笑》里的最后一段：

> 是谁笑成这百层塔高耸，
> 让不知名鸟雀来盘旋？是谁
> 笑成这万千个风铃的转动，
> 从每一层琉璃的檐边
> 摇上
> 云天？

诗中的"百层塔""风铃""琉璃"，这种独特的描写，只有林徽因这样的建筑师和诗人才能创造出来。另外还有《昆明即景·小楼》里，林徽因将昆明当地的民居底楼高8尺、二楼高7尺的样式也写入诗中。诗曰："那上七下八临街的矮楼，／半藏着、半挺着，立在街头，／瓦覆着它，窗开一条缝，夕阳染红它，如写下古远的梦……"

有人称林徽因是中国的曼斯斐尔，这个比喻除了说她的文学风格有点像这位英国女作家外，还包含着说她多才美丽而寿不长。在中国旧文学中，旧诗的势力很强，非常不容易取而代之。闻一多曾说过："诗最具有音乐的美，绘画的美，建筑的美；音乐的美指音节，绘画的美指词藻，建筑的美指章句。"林徽因的作品正是这样的。

二　创作之路

林徽因的作品算是闺阁文学中比较热烈大胆的一类。在她的代表作《窘》里，表达的是一种极有节制的朦胧意念和不可言状的瞬间的灵与肉的触电感。

1934年，写作中的林徽因

《窘》是林徽因的第一篇小说，发表在1931年6月《新月》第3卷第9期上。写一个中年教授维杉爱上了朋友的女儿芝。因为辈分的关系，虽然能随意相处，却不能随意相爱的种种窘态。维杉感到这种难以启齿、难以表达的情感使他窘极了，匆匆离开了北平。

林徽因对维杉微妙心理的细腻刻画和窘态举止的传神描绘，足以说明她写小说的潜力。

林徽因早年在英国与徐志摩有一段感情故事，《窘》正是以他们在英国的交往为原型，实际上是承认了徐志摩当年对自己的特殊感情，而自己尚十分天真稚气，不解男女之情。也许林徽因写《窘》的目的，正是为了告诉人们她和徐志摩当年交往的真相，意在纠正关于此事的种种传说。遗憾的是，林徽因没有想到，就在她这篇小说发表的几个月后，徐志摩就遇难了。

林徽因把自己当初的行为，很大程度上归咎于旧伦理教育的熏陶。事实也是这样，从当年大多闺阁文学作家，作为女人所走的路，可以看出，尽管五四开发自由之风带来不少"娜拉"的出走，但她们几乎都是符合传统标准的好女人，从好女儿到好妻子，从好妻子到好母亲，女性人生中每一个角色，她们都扮演得十分到位。这既是女人的天性使然，也是传统礼教使然。

在《窘》这部小说里，我们可以强烈地感受到其中弥漫着一种深深的家园情节，但显然又不是传统家园观念的自然延续，而恰恰是对这一传统观念的全面改写。林徽因站在女性的立场上，用女性的话语，从情感、人性、历史与现实、物质、精神等方面，对生活家园和精神家园作双重叩响。

林徽因住的北总布胡同3号，就是一个四合院，院里到处是树木花草，窗台上也是盆花。维杉看到的似乎就是林徽因的家。

在林徽因的另一篇小说《九十九度中》中，作者以内容鲜明、技巧娴熟的写作特色，使得文坛刮目相看。她写了在北京九十九华氏度的酷暑天气里，富人卢二爷、七少奶、孙少爷、二掌柜……穷人挑夫、奶妈、赵妈、王康、杨三、车夫……或是做寿，或是结婚，或是生病，或是看戏，或是出丧……富人忙富人的，穷人忙穷人的，在这九十九华氏度的天气里，忙得汗流浃背。这篇小说里没有主角，写的是一群人，作者鞭挞了贫富不均的社会现象，表达了对人类的同情。她"把一天的形形色色披露在我们的眼前，没有组织，却有组织；没有条理，却有条理；没有故事，却有故事，而且那样多的故事；没有技巧，却处处透露匠心"。

林徽因有个大题目，叫《模影零篇》，内中包含有4篇小说：《钟绿》《吉公》《文珍》和《绣绣》，主人公都有生活原型，不是同学就是亲戚。这些系列作品都是用倒叙的笔调，追述逝去的人和事，人物更富有个性化，环境也更典型，语言明快中略带幽默，在结构上很有技巧。

  林徽因对自己的这几篇短篇小说很喜爱。她在编选《大公报文艺丛刊小说选》时，将《钟绿》和《吉公》都选了进去。20世纪80年代末，有人将林徽因的三四篇小说编入《京派小说选》。

  林徽因散文的写法是多样的。有的是用写诗的手法，如《纪念志摩去世四周年》《悼志摩》；有的是用写小说的手法，如《窗子以外》；有的用与人聊天辩论的手法，如《蛛丝和梅花》《究竟怎么一回事》；有的是近乎杂感的手法，如《彼此》等。这些散文具有林徽因自己的语言特点，那就是欧化的语言与古文的句子互相交替着，有时又写得非常流畅，读起来亲切动人。

  又有人曾找到了林徽因的散文佚作，叫《惟其是脆弱》，最早刊登在1933年9月23日《大公报·文艺副刊》第1期上。

  在1937年5月、6月、7月，3个月的《文学杂志》上连载了林徽因一个没有写完的剧本，叫《梅真同他们》。当时，朱光潜说：林徽因女士去山西旅行，《梅真同他们》的第四幕稿未能按时寄到，只好暂停一期。这是个四幕剧，这最后一幕现在不知道在哪儿了？

林徽因的英文底子很好，可是由于她热心于建筑事业，再加上身体原因，因此，翻译的作品极少。根据学者陈学勇在《林徽因的译作》里所说，目前发现林徽因有两篇译作。一篇是《夜莺与玫瑰》，一篇是《苏联卫国战争被毁地区之重建》。

《夜莺与玫瑰》发表在北京的《晨报五周年纪念增刊》，署名尺棰。当时林徽因还是一个19岁的中学生，文笔显得幼稚、年轻。

林徽因的创作似乎是偶尔为之，并不着力，目前我们看到的有：诗60多首，散文和小说十几篇，还有个未完成的剧本，从数量上说是少的，若论质量，无疑是以少胜多。希望不久的将来，还能发现林徽因的新作。

三　美术细胞

1923年12月1日出版的《晨报五周年纪念增刊》，其封面令人耳目一新。在远处森林后边旭日东升的大背景下，近处是一座钟楼，楼台上有一口大钟，钟楼的上空是两只白鸽，正在自由飞翔，下方是微波荡漾的水面。这幅图画虽然显得不是很成熟，但立意非常好，也恰如其分地表现了该刊的主题。在署名"同人"的《感谢》里，透露了这幅画的作者名字。"增刊号封面图案，是尺棰女士设计的"。这个"尺棰女士"就是林徽因的笔名。

在《感谢》里还说道："全部图案可以代表四个要素：一、正义；二、光明；三、平和；四、永久。"

编者对这个封面很满意。当时林徽因只有19岁，还没出国留学，编辑找她画封面，恐怕还是她父亲林长民的关系，因为林长民与《晨报》的关系很密切。

林徽因还为诗人陈梦家的诗集《铁马集》和《学文》杂志设计过封面。

1934年春天"学文社"成立，他们的社刊叫《学文》。

这个刊名有点怪,大约是想与上海的《文学》杂志比高低。《学文》创刊于1934年5月,叶公超主编,实为《新月》杂志停刊后的继续,编者及作者基本上是原来的队伍。林徽因是参与编辑的,其他还有余上沅、饶孟侃、孙洵侯、孙毓棠、梁实秋、

1939年间,林徽因在昆明西山与王蒂澂(左)、陈意(右)合影

沈从文等，刊物一共出了4期。林徽因为《学文》所制的封面取材于汉碑图案。封面纸用浅米色，开本比16开短而窄，呈长方形似一块古砖。图案右下角有一个"徽"字。整个封面古朴典雅，散发出淡淡的学术气味。

在1931年8月15日出版的《文艺月刊》第2卷第8期上，刊有林徽因的一幅美术作品，题为《祈福》，另有题目叫《"神巫之爱"之一幕》。画的是在神巫前点着一对大蜡烛，有个少女跪拜在地。神巫的背后有些模糊的人影。这幅画似乎是为沈从文的小说《神巫之爱》画的插图。

1935年12月7日和8日，天津南开新剧团在南开中学瑞庭礼堂隆重公演《财狂》，即莫里哀的《悭吝人》，由曹禺主演，当时他叫万家宝；林徽因担任舞美设计。这是张彭春于1935年11月从美国回国，再度邀请自己的得意门生曹禺回南开校园与自己合作，一起改译并排演《悭吝人》。张彭春动用了强大的阵容并进行了为期一个多月的严格排练。

《财狂》上演后，由萧乾负责编务的天津《大公报·文艺副刊》，于12月7日推出了"财狂公演特刊"。萧乾自己还在《南开校友》上发表《〈财狂〉之演出》一文，对曹禺的成功表演做出了充分的肯定。他对林徽因的舞台美术也进行了美好的评论。

1935年在天津《大公报·小公园》第1751号上，编辑写的《关于图案》里说："在这里，我们得向两位艺术友人道谢，因为大热的天，他们曾费了许多心思为这小刊物计划'报头'，使它能有一块漂亮的犄角。"文中的"两位艺术友人"，指的是林徽因和梁思成。

这幅画上是一座二层楼的亭子，亭子的顶上有一个展翅的大凤凰，亭子里有些人正在观看湖水里跳跃的鲤鱼和畅游的大白鹅。湖里还有一条渔船，正撒网打鱼呢。

编辑对这幅"报头"大为赞赏，说："今天这幅壮丽典雅的'犄角'是梁思成夫妇从北戴河为我们赶制寄来的。天虽是热得要命，这图案却是一丝不苟的努力下为我们设计的。……吉利不吉利可全在大家努力了。让我们在这精彩的犄角下面铺起精彩的文章，切莫使这些宠爱变成错爱。"

四　诗意·美意·建筑意

1929年，朱启钤在北京自费创办中国营造学会，后改名为中国营造学社。这是我国第一个研究中国古建筑的学术团体。最初学社就设在朱启钤家中，后来迁到天安门内西面的西朝房。

朱启钤生于1872年，是梁启超的同时代人。1915年作为内政部长负责修缮北京的皇宫，并恢复城门和一些古老的建筑。在监督这些工程的过程中，他认识了好些专门修建房屋的工匠，并从他们那里学到了很多中国建筑方面的知识。有一次，他偶然发现在江苏省南京宋代手稿图书馆里有一部《营造法式》，就将它印行问世了。梁启超得到这本书后，立刻寄给在国外读书的梁思成和林徽因。梁思成和林徽因非常珍惜这本书。

1930年，朱启钤为了筹集资金，向中华教育基金董事会提出申请，该会是负责支配美国退还的庚子赔款之事的。中华教育基金董事会的董事之一周诒春是中国营造学社的名誉社员，也是梁思成入清华学校时的校长。他认为学社缺乏现代建筑学科的专门人才，他从梁启超处得知梁思成对研究古建筑有兴趣，于是跑到沈阳去找梁思成，劝他参加营造学社。梁思成非常犹豫。到了1931年9月,梁思成才到营造社工作,并担任法式部的主任,林徽因担任校理的工作。法式部的工作就是从实物调查入手,对古建筑进行测绘、制图、分析鉴定。他俩以此为发端,开始了学术生涯。

林徽因认为:我们现在也已走到应作考察研究的时代了。在这有限的各朝代建筑遗物里,很可以观察,探讨其结构和式样的特征,来标证那时代建筑的精神和技艺,是兴废还是优劣。

卧佛寺在北京西山北部寿安山南麓。唐代在这里建立了兜

1931年,梁思成、林徽因
在天坛祈年殿顶留影

率寺，寺里有一座檀木雕刻成的卧佛。元代至治元年（1321）铸成一尊号称50万斤重的铜卧佛，改名为大昭孝寺。明代称永安寺，清代定名为十方普觉寺，但是人们习惯叫它为卧佛寺。

当时，迎接人们的有第一道牌楼，那是在破碎的基上，竖着4根小柱子，上面横钉了几块板，相当简陋。现在，如果你去卧佛寺，迎面扑来的非常高大的牌楼，抬头望去，得当心你的帽子掉地上。

沿着山道上去，即能看到一座琉璃牌楼。汉白玉的须弥座，3个汉白玉的圆门洞，黄绿琉璃的柱子，还有横额、斗拱、檐瓦。过了琉璃牌楼，有一个半月形的放生池，当中有一座桥，两边的桥栏杆不一样，北边是精致的石栏杆，南边的是洋灰抹砖栏杆。池中都是放生的鱼。

与桥正相对的是山门，在它的左右两边是钟鼓楼。平时山门不开，参观的人只能从山门旁边走。进入山门，劈头而来的是一座天王殿，两边是四大天王，弥勒佛面朝南笑嘻嘻地看着人群，在他的背后，是韦驮。

再进去是正殿，唐代造的檀木卧佛就是放在这儿的，到了乾隆年间，就不知上哪儿了，只剩下后殿那一尊卧佛了。

林徽因以建筑师职业眼光来看卧佛寺，她说："这种平面布置，在唐宋时代很是平常，敦煌画壁里的伽蓝都是如此布置，在日本各地也有飞鸟平安时代这种的遗例。在北平一带（别处如何未得详究），却只剩这一处唐式平面了。"又说："卧佛寺各部殿宇的立面（外观）和断面（内部结构）却都是清式中极规矩的结构，用不着细讲。"

让林徽因感到可惜的是，放生池周围的白石栏杆，已被拆下来叠成台阶，变为游客下池的路。她感伤地说："'保存古物'，在许多人听去当是一句迂腐的废话。""'这年头！这年头！'每个时代都有些人在没奈何时，喊着这句话出出气。"

在西山东麓的翠微山和庐师山上，隐藏着八大古刹。这里三面山峰环抱，一面平原无际，有着人们惯称为八大处的长安寺、灵光寺、三山庵、大悲寺、龙王堂、香界寺、宝珠洞和秘魔岩。

在香山通往八大处马路的西边不远处，有一个很小的山寺，叫法海寺。一般的游人很难注意到这个小寺。这个寺的寺门形状很特别，有圆拱门洞的城楼模样，上边却顶着一个缩小的北海白塔。这在中国建筑里是不常见的。这座小小的带塔的寺门除门洞上面的围栏是用砖的外，其他都是用石头建筑的，这在中国又是罕见的。因此，林徽因和梁思成爬上去仔细考察。

林徽因在塔上看到了这座寺的建造日期。在门额的"敕赐法海禅寺"的旁边写道："顺治十七年夏月吉日"。西面额上题着有3种文字，其中看得懂的中文是这样的："唵巴得摩乌室尼渴华麻列吽敨吒。"

门洞里还隐约能看到画，有的居然可看到尚未褪尽的颜色。

林徽因和梁思成爬上塔，仔细地进行观察，发现许多珍贵的东西。他们在1932年11月《中国营造学社汇刊》第3卷第4期上发表的《平郊建筑杂录》里写道：

> 门上那座塔的平面略似十字形而较复杂。立面分多层，中间束腰石色较白，刻着生猛的浮雕狮子。在束腰上枋以上，各层重叠像阶级，每级每面有三尊佛像。每尊佛像带着背光，成一浮雕薄片，周围有极精致的琉璃边框。像脸不带色釉，眉目口鼻均伶俐秀美，全脸大不及寸余。座上便是塔的圆肚，塔肚四面四个浅龛，中间坐着浮雕造像，刻工甚俊。龛边亦有细刻。更上是相轮（或称刹），刹座刻做莲瓣，外廓微做盆形，底下还有小方十字座。最顶尖上有仰月的教徽。仰月徽去夏还完好，今秋已掉下。

法海寺门的式样与原先的居庸关相类似。居庸关为明代洪武元年（1368）修建，两山夹峙，修筑在溪谷中，形势非常险要。关城中心有一座汉白玉石台叫云台，是元代的石塔遗迹。在券洞和券门上都有精美的图像和文字石刻。券顶满布"曼茶罗"图样，是元代雕刻艺术的珍品。

由八大处向香山走，不过三四里地，经过一处山口，在山口转弯的地方，一个山坡上，有两座石龛。它们朝着另一个山口，那就是杏子口。这杏子口说得夸张点，有着"一夫当关，万夫莫敌"的特殊地形。

两座石龛立在北坡，对面南坡上又有一个石龛。林徽因说："由石峡底下的杏子口往上看，这三座石龛分峙两崖，虽然很小，却顶着一种超然的庄严，镶在碧澄澄的天空里，给辛苦的行人一种神异的快感和美感。"

北坡上的两座石龛都是用几片青石片合成，每面墙是一整片，南面有门洞，屋顶每层檐一片。西边的龛比较大，平面有一米多见方，高大约两米，在东面墙上刻着人脸和正在奔驰的马，西面墙上有佛像和马。林徽因和梁思成从墙的刻字上，知道了西边佛龛的建造日期。那上边刻着："承安五年四月廿三日到此"，和"至元九年六月十五日□□□ 贾 智记"。

"承安"是金章宗年号，"五年"是公元1200年。"至元"是元世祖的年号，"九年"公元1272年。

南崖上的佛龛，三面做墙的石片，已变得像烟叶，呈深黄色。西面刻着双钩的"南"字，南面有个"无"字，东面有个"佛"字。北面有扇门，里面的佛像已没有了。

林徽因说:"这些美的所在,在建筑审美者的眼里,都能引起特异的感觉,在'诗意'和'画意'之外,还使他感到一种'建筑意'的愉快。"

在梁思成和林徽因眼中,建筑物都是美的

五 1933年的野外考察

林徽因在1933年共出去考察过两次。一次是9月到山西，一次是11月到河北。

1933年9月6日上午，林徽因和梁思成、刘敦桢、莫宗江，还有一名工人一起到达山西大同。

华严寺在大同市的市中心，是佛教华严宗的寺庙。

寺内的大雄宝殿创建于辽清宁八年，即公元1062年。是今天已发现的古代建筑中体型最大的，殿内还有优美的辽代塑像，而且都保存得非常完好。

1933年9月7日上午，林徽因他们到华严寺去，看了薄伽教藏殿和海会殿。

薄伽教藏殿创建于辽重熙七年，即公元1038年。

薄伽教藏殿是座佛经图书馆，它的内部两侧和后面的墙壁，是一排U字形排列的书橱壁藏。上面是"天宫楼阁"，是当时木建筑的一个精美准确的模型。中间是有门的书橱，最下面是须弥座。整座壁藏是中国现存最古的书橱，也是中国国内的孤品。

1933年,林徽因在河北正定县开元寺钟楼梁架上测绘

这天下午,林徽因和梁思成等前往云冈考察。

云冈的天气早晚变化很大,白天热得要命,晚上冻得要死,盖上棉被,还冷得直颤抖。他们住了3天,吃的是农家为他们煮的土豆和玉米面糊。生活虽然艰苦,但云冈艺术的魅力却深深地吸引了他们。

山西大同的云冈石窟和洛阳龙门石窟、敦煌莫高窟是中外知名的三大石窟,在我国佛教史及艺术史上,都占有极重要的位置。

云冈石窟在大同市的西边16公里的武周山南麓。创建于北魏,历时50年,动用了4万人而创造成功。最大的石雕17米高,最小的只有几厘米。其中形态各异,有动有静。石窟群东西绵延1公里,大小洞窟53个,石雕佛像1000多躯,气势磅礴,甚为壮观。

云冈石窟在中国几乎湮没了1000多年,最早为云冈石窟写文章的要数日本人伊东忠太和我国著名史学家陈垣。梁思成后来在给学生讲课时,常常兴奋地说,在云冈石窟中可以明晰地看到,在中国艺术固有的血脉中忽然渗入旺盛而有力的外来影响。它们的渊源可以追溯到古代的希腊、波斯、印度。这种不同民族文化的大交流,赋予我国文化以旺盛的生命力。这是历史上最有趣的现象,也是近代史学者最重视研究的问题。

多少年来,中外学者对云冈石窟不止一次地考察过,但对石刻中所表现的建筑则没有系统地介绍过。林徽因、梁思成、刘敦桢、莫宗江准备做一次系统的研究,其中包括洞窟的布置、构造及年代,还有石窟的塔、柱、阑额、斗拱、屋顶、栏杆、踏步、藻井等。

早期异国情调的佛像,面容肥圆,其衣纹细薄,贴附于像身。佛体呆板，僵硬，与其他的佛像相比较，修长微笑的容貌，斜肩而长身，质实垂重的衣裾褶纹，有很大的区别。在东部的第三洞，名为灵岩。里面的 3 尊巨像，各样刻工，与前面两派不同，独成一格。

云冈石窟的塔可分为两种：一是塔柱，一是壁面上浮雕的塔。

壁上浮雕殿宇也有两种：一是刻成殿宇正面模型，用每两柱间的空隙，镌刻较深佛龛而居像；一是浅刻释迦事迹图中所表现的建筑物。

1933 年 9 月 9 日，林徽因一行人返回大同。下午考察了善化寺。9 日晚上，林徽因先回北平，梁思成等留下继续考察。

1933 年，林徽因第二次外出考察，是在 11 月，与梁思成、莫宗江到河北省正定县。

河北省正定县有许多宋辽时期的古建筑。他们在 4 月进行初步调查时，除已知道的隆兴寺及四个塔、阳和楼等，还发现有开元寺钟楼、关帝庙、府文庙、县文庙等 10 余处。

隆兴寺的摩尼殿和转轮藏阁都十分古老。摩尼殿最大、最完整。梁思成在文献里没有查到摩尼殿的建造年代，但从建筑的形状来看，他判断此殿最晚是在北宋建造的。1978 年，当摩尼殿进行大修时，发现它建于北宋皇佑四年（1052）。

1916年,林徽因(右一)与表姐妹们

20世纪20年代初,在欧洲游览期间的林徽因

1920年,林徽因于伦敦

1922年，林徽因与梁思成
在北京景山后街雪池胡同家中

1924年5月,林徽因与梁思成、徐志摩、泰戈尔、恩厚之、林长民等在北京

1927年,林徽因在美国宾夕法尼亚大学毕业时留影

林徽因、梁思成在宾大留影

林徽因为宾大美术学院设计的圣诞卡

林徽因的水彩画作

1937年，林徽因在佛光寺供养人宁公遇塑像前

1950年，林徽因与清华营建系首届毕业生合影

清华大学营建系国徽设计组部分成员合影
中国营造学社纪念馆藏

可见梁思成的判断能力相当强。

转轮藏阁的中心是一个能转动的转轮藏,即藏经架,是中国现存的造于 10 世纪,现在还可以转动的佛经书架。

阳和楼的结构最为精巧。梁柱的结合,两山的构成交代得清清楚楚,角柱的生起、阑额上的月梁形、微微翘起的屋脊两端等,都保留着宋式的做法。它可以说是晚宋到明初两种式样的过渡。可惜它在 1949 年前已被拆除。

六　晋汾之游

1932年，林徽因夫妇结识了美国朋友费正清（John King Fairbank）和费慰梅（Wilma Denio Cannon）夫妇。从此保持终生友谊。

1934年8月，梁思成和林徽因准备邀请费正清和费慰梅到北戴河去避暑时，费正清夫妇却邀请梁思成夫妇同他们到山西的汾阳城外峪道河去消夏。当时梁思成他们正在计划到赵城去考察，赵城离汾阳不远，于是就答应前往。

梁思成夫妇和费正清夫妇住在滹沱河谷地一座古老的石头磨坊里。这儿原来是费正清夫妇的好朋友亚瑟·哈默博士的家，他是一个很受尊敬的教会学者和历史学家，那时刚刚被国会图书馆任命为东方部主任。他将自己的家借给费正清夫妇度假用。

过去，在山溪旁有许多这样的小磨坊，因为有水作为原动力。等到创立了山西面粉业的中心后，这些小磨坊都纷纷歇了业。外国传教士将这些小磨坊买下来，有十来个传教士的家庭，形成一个村。每到夏天，他们从中国各地到这儿来度假聚会，天冷了，就回到自己工作的地方。

第三章 创作才能

　　费正清和费慰梅到小磨坊去时，带了中文课本、作业、字典、一盒盒的方块字、一沓沓的图画纸、颜料和书籍等。

　　林徽因和梁思成夫妇来之前，已做了充分的准备工作，并到图书馆查阅山西该地区的县志。到达某一寺庙时，梁思成用徕卡照相机拍照，林徽因则在费正清夫妇的帮助下进行测量，然后按比例绘制图画。中午暂时停止操作，吃点野餐，梁思成特别爱吃辣椒，吃饭时，大伙总是谈笑风生。下午继续工作。

1934年，梁思成与林徽因在考察山西民居途中

1934年,林徽因与费慰梅在山西

林徽因他们4个人先后考察了汾阳、孝义、介休、霍县、赵城、汶水、太原等县的数十处古建筑。他们4个人每天或徒步,或骑毛驴,或向传教士租借汽车进行考察。

在峪道河的两边山岩上,有几个小小的庙宇。东岩上的实际寺,以风景优美而著名。神头上的龙王庙,因马跑泉享受了千年的烟火。西岩南头上的关帝庙,经过几次修建,式样混杂,别有趣味。北头有一座龙天庙,可以当作山西南部小庙宇的代表作。

在龙天庙里,他们发现了古戏台。

1934年6月,蒋介石向德国借款,准备修建浙赣铁路。而山西军阀阎锡山正在准备抗击蒋介石的南京政府军北上征服山西的军事入侵,从德国购买了整套的窄铁路系统,包括铁轨和火车,这是第一次世界大战的遗物,在公路上铺铁轨,以此来对付蒋介石。这些活动明显地给林徽因他们的考察带来了困难。

林徽因等4个人向传教士租了一辆车,还找了个美国司机,把行李、建工工具、帆布床、被子、食品等都装了上去。车开了,可是天气不争气,下着瓢泼大雨,把道路下得变成了烂泥塘,简直无法开车,好不容易到傍晚时分,才开了10英里。天已黑了,林徽因他们只得下车,让那位美国司机回去,并祝他一路顺风。

一行4人下了车后,在附近找到一座寺庙,这是他们前几天曾经来拍过照的。他们将东西搬了进去,在天井的走廊里搭起了帆布床。第二天,他们又设法租了辆车,向着介休前进。到掌灯时分,他们第一次看到了阎锡山的窄铁路,挡着他们往南去的道,没办法,只好改坐敞篷的土造驴车,从铁轨后边沟里的狭窄通道里穿过。

到了介休,他们4人在旅馆里安顿好以后,就去考察寺庙,可惜的是,寺庙令人失望。为了抓紧时间,得往霍县去。但交通工具,只有人力车了。可是人和车都被征去搞铁路了。后来还是旅馆的老板不知用什么办法,找来3辆人力车,而且价钱还特别低。他们把行李放在车上,步行前进。

一路上，寺庙里住满了工人和士兵，当林徽因他们走到常家庄时，天已经黑了，他们也累得走不动了。他们把行李搬到一座门楼时，住在里面的士兵就与他们争吵起来，吵声引来了一位少校，等他问清情况后，给了他们一间房屋。

好不容易他们又上路了，道路难走极了，一会儿人力车坏了一辆，一会儿车夫要休息了，一会儿没有亮光了，只得找个孩子提着灯笼在前面照着。直到晚上11点，他们才到达霍县。接待他们的传教士是英国的特里基夫妇，他们有6个孩子，对客人非常亲切友好。

林徽因他们在霍县的两天中，考察了太清观、文庙、东福昌寺、西福昌寺、火星圣母庙、县政府大堂、北门外桥及铁牛等处。

霍县很大，庙宇也多，登上城楼眺望，城外的景色和城内的寺庙交相辉映，蔚为壮观。太清观在霍县的北门内，据说在北宋天圣二年（1025），由道人陶崇人建造，元延祐三年（1316）道人陈泰师修建。

太清观建于土丘上，高出两旁的地面，而且越往后越高，最后的庭院与城墙一样高。太清观的建筑，大部分是明清以后的，只有前殿，额上写着："金阙玄元之殿"。"殿三间，悬山顶，立在很高的阶基上；前有月台，高如阶基。斗拱雄大，重拱重昂造，当心间用补间铺作两朵，梢间用一朵。柱头铺作上的耍头，已成桃尖梁头形式，但昂的宽度，却仍早制，未曾加大。想当是明初近乎官式的作品。这殿的檐部，也是不用飞椽的。"（梁思成，林徽因，《晋汾的建筑预查纪略》）

文庙被分成两半，一半是小学，一半驻扎军队，而且前后不通行，各立山头，给林徽因他们的考察工作带来极大的不便。从结构上来看，文庙里大概有许多殿宇，还是元代遗构，大门内留存着元碑4座。

东福昌寺和西福昌寺在霍县城内大街上的东西两边。

东福昌寺又叫祝圣寺，建于唐贞观四年（630）。元代重建，改为霍山驿，明朝仍建为寺。从现存的建筑来看，大多是属于元代的遗物。

东福昌寺的建筑中，最有趣的要数瓦顶上的两坡做法。殿本身屋顶与其下围的廊顶是不连续成一整片的，殿上盖悬山顶，而在周围廊上盖一面坡顶。上面悬山顶有它自己的勾滴，降一级将水泄到下面一面坡顶上。

火星圣母庙在霍县的北门内。正殿前有廊3间，廊前是正方形的献食棚，左右廊子各一间。献食棚顶用十字脊，棚前有一对琉璃狮子，精巧细作，堪称上品。

当林徽因一行离开霍县去赵城县时，特里基夫妇祝福他们一路平安,并建议到了那儿,可去找传教士罗姆克小姐。

雨停了,路旁的风景如画,那田野,就像翠绿的海洋,美极了。到了那里,他们找到了罗姆克小姐,她是一个单身的老年人,但她并不孤独,周围有许多单纯的农家妇女,是罗姆克小姐把她们从死亡和饥饿线上救了出来。

罗姆克小姐像对待亲人一样地欢迎林徽因他们,他们4人洗了热水澡后,吃了丰盛的饭菜,安安静静地睡了一觉,第二天即开始进入工作状态。

在赵城县,林徽因他们考察了不少地方,有女娲庙、广胜寺下寺、广胜寺上寺、明应王殿、中镇庙等。

广胜寺在赵城县东南大约40里,霍山的南端。寺分上下两院,俗称上寺和下寺。上寺在山上,下寺在山下,当地人说:上山5里,下山1里。

他们向东行,正好对着广胜寺,那上寺和下寺在夕阳的辉映下,分外妖娆。到了下寺,林徽因他们真的是累极了。寺里的僧侣热情地接待了他们,给他们端来了热菜热饭,然后允许他们任找一个喜欢的地方安寝。林徽因和梁思成选择了大殿里面,睡在大佛的旁边;而费正清夫妇则选择了小钟楼护栏里的露天平台,晚上可以看见闪烁的星星。

1933年,因在广胜寺发现了1149年的佛经,而轰动一时,

第三章 创作才能

1934年,林徽因与梁思成在山西考察途中

现在他们到了这儿,心情是非常激动的。

广胜寺建于唐,金代曾经大修过,到了元大德七年(1303)发生大地震,后来又重修的。

广胜寺诸门殿在结构上,为我国建筑实物中罕见之特例。

下寺的山门前后各有垂花雨搭悬出檐柱以外,做法极特殊,而且给人一种简洁的美感。下寺的正殿为了增加活动的空间,采用减柱和移柱法,表现出灵活的设计手法,是明清后正规建筑中所不见的。

梁思成对于这位古代的建筑师十分赞赏,说自己还从来没有看到过这样有机地使用木结构的。

上寺的琉璃宝塔,又称飞虹塔,屹立在山头,很远就能看到。从山顶可以俯瞰下寺全景。

琉璃塔有13层高,就像上海说唱里的唱词一样:金陵塔,塔金陵,金陵宝塔13层,风吹金陵沙沙响……这座塔塔身砖砌,饰以琉璃瓦的角柱、斗拱檐瓦佛像等,最下层有木围廊,与常见的宝塔相似。就是里边盘旋而上的楼梯有点奇怪。楼梯很暗,很窄,很陡。每一层阶梯高六七十厘米,宽十多厘米,成一个大约合60°的坡度。上了几阶后,得反身攀住背后墙上的阶梯,在楼梯的两旁墙上有小砖孔,可以用手攀扶着往上走。唯一的亮光来自每一层上开的小口子。这可真是一场有惊无险的行动,他们同时又暗暗佩服设计者的巧妙安排。

明应王殿是广胜寺泉水龙王之殿。我国凡是有水的地方都有龙王庙,但这个龙王庙之大,远在其他的龙王庙之上。

明应王殿是元大德七年地震以后所建,与嵩山少林寺大德年间所建鼓楼有许多相似之处。殿内四壁有元代壁画,其题材为非宗教的,这在古代壁画中属于罕见的,从美术史上看来,都是重要的史料。殿前的庭院很大,供公共集会和露天看戏之用。

离开广胜寺,他们又到霍山去寻访兴唐寺。

从汾阳回到太原,已过了一个多月,林徽因感到筋疲力尽,但是建于北魏前的晋祠大大地吸引了她。

晋祠在太原市西南25公里处。古时候名晋王祠、王祠、大崇皇寺。祠内有建于北宋天圣年间的圣母殿，殿内有宋代彩塑侍女像，高度与真人相仿，风姿绰约。祠内有唐太宗撰写的石碑。有周柏、隋槐等古木和四季常温的难老泉，就像个大花园。

在山西考察的过程中，林徽因写了一篇散文，叫《山西通信》，刊登在1936年8月25日《大公报·文艺副刊》第69期上。这篇通讯如下：

> 居然到了山西，天是透明的蓝，白云更流动得使人可以忘记很多的事，单单在一点什么感情底下，打滴流转；更不用说到那山山水水，小堡垒，村落，反映着夕阳的一角庙，一座塔！景物是美得到处使人心慌心痛。
>
> 我是没有出过门的，没有动身之前不容易动，走出来之后却就不知道如何流落才好。旬日来眼看去的都是图画，日子都是可以歌唱的古事。黑夜里在山场里看河南来到山西的匠人，围住一个红炉子打铁，火花和铿锵的声响，散到四围黑影里去。微月中步行寻到田垄废庙，划一根"取灯"偷偷照看那瞭望观音的脸，一片平静，几百年来，没有动过感情的，在那一闪光底下，倒像挂上一缕笑意。
>
> 我们因为探访古迹走了许多路；在种种情形之下感慨到古今兴废。在草丛里读碑碣，在砖堆中间偶然碰到菩萨的一只手一个微笑，都是可以激动起一些不平常的感觉来的。乡村的各

种浪漫的位置，秀丽天真；中间人物维持着老老实实的鲜艳颜色，老的扶着拐杖，小的赤着胸背，沿路上点缀的，尽是他们明亮的眼睛和笑脸，由北平城里来看我们，东看看，西走走，夕阳背在背上，真和掉在另一个世界里一样！云块，天，和我们之间似乎失掉了一切障碍。我乐时就高兴地笑，笑声一直散到对河对山，说不定那一个林子，那一个村落里去！我感觉到一种平坦，竟许是辽阔，和地面恰恰平行着舒展开来，感觉的最边沿的边沿，和大地的边沿，永远赛着向前伸……

　　我不会说，说起来也只是一片疯话人家不耐烦听。以我描写一些实际情形我又不大会，总而言之，远地里，一处田亩有人在工作，上面青的，黄的，紫的，分行的长着；每一处山坡上，有人在走路，放羊，迎着阳光，投射着蠕动的光影；每一个小城，前面站着城楼，旁边睡着小庙，那里又托出一座石塔，神和人，都服帖的，满足的，守着它们那一角天地，近地里，则更有的是热闹，一条街里站满了人，孩子头上梳着三个小辫子的，四个小辫子的，乃至于五六个小辫子的，衣服简单到只剩一个红肚兜，上面隐约也总有她孃孃挑的两三朵花！

　　娘娘庙前面树荫底下，你又能阻止谁来看热闹？教书先生出来了，军队里兵卒拉着马过来了，几个女人娇羞的手拉着手，也扭着来站在一边了，小孩子争着挤，看我们照相，拉皮尺量平面，教书先生帮忙我们拓碑文，说起来这个那个庙，都是年代可多了，什么时候盖的，谁也说不清了！说话之人来得太多，我们工作实在发生困难了，可是我们大家都顶高兴的，小孩子一边抱着饭碗吃饭,一边睁着大眼睛,一点子也不松懈。

我们走时总是一村的人来送的,儿媳妇指着说给老婆婆听,小孩子们跑着还要跟上一段路。开栅镇,小相村,大相村,那一处不是一样的热闹,看到北齐天保三年造像碑,我们不小心的,漏出一个惊异的叫喊,他们乡里弯着背的,老点儿的人,就也露出一个得意的微笑,知道他村里的宝贝,居然吓着这古怪的来客了。"年代多了吧",他们骄傲地问。"多了多了,"我们高兴地回答,"差不多一千四百年了。""呀,一千四百年!"我们便一齐骄傲起来。

我们看看这里金元重修的,那里明季重修的殿宇,讨论那式样做法的特异处,塑像神气,手续,天就渐渐黑下来,嘴里觉到渴,肚里觉到饿,才记起一天的日子圆圆整整的就快结束了。回来躺在床上,绮丽鲜明的印象仍然挂在眼睛前边,引导着种种适意的梦,同时晚饭上吃的菜蔬果子,便给养充实着,我们明天的精力,直到一大颗太阳,红红的照在我们的脸上。

…………

经过一个多月的考察,费正清、费慰梅与梁思成、林徽因之间的友谊更加深了,而且对他们所从事的建筑业也更加了解了。费正清说:"我们的友谊是在艰难时刻同甘共苦所结成的,在空旷道路上的历险使我们4个人在难以忍受的环境中相依为命,不分主客。""我们依然是亲密的朋友,1942—1946

年间在华西彼此相互访问,1947年我们在美国见到思成。当1981年我在撰写本书(指《费正清中国回忆录》)时,维尔玛准备报道梁氏夫妇在建筑史方面的业绩。"

林徽因回到北平,稍事休息后,于1934年10月,又和梁思成到杭州。他们是应浙江省建设厅厅长曾养甫的邀请,商讨重新修建六和塔的事。在杭州停留了10天后,他们前往浙江省南部的宣平县陶村,调查延福寺,确定它是元泰定三年(1326)的作品。然后到江苏金华天宁寺考察,于11月返回北平。

七　多事的 1935 年

1935 年秋冬时节，林徽因从朝阳门外骑马归来

梁思成撰写的《清式营造则例》于 1932 年 3 月脱稿后，直到 1934 年才由中国营造学社出版。梁思成在序言里说：

> 内子林徽音在本书上为我分担的工作，除《绪论》外，自开始至脱稿以后数次的增修删改，在照片之摄制及选择，图版之分配上，我实指不出彼此分工区域，最后更精心校读增删。所以至少说她便是这书一半的著者才对。

林徽因在《绪论》里，从中国建筑是东方独立系统的高度来谈的，谈到了建筑美，谈到了中国建筑的三个要素：适用、坚固和美观。还对中国建筑构架的各部分进行了分析，如构架、斗拱、屋顶、台基色彩等。特别是讲到色彩这一段时，仿佛是美术家在上课一样。她说："油漆涂在木料上本来为的是避免风日雨雪的侵蚀；因其色彩分配的得当，所以又兼收实用与美观上的长处，不能单以色彩作奇特繁杂之表现。中国建筑上色彩之分配，是非常慎重的。檐下阴影掩映部分，主要色彩多为'冷色'，如青蓝碧绿，略加金点。柱及墙壁则以丹赤为其主色，与檐下幽阴裹冷色的彩画正相反其格调。有时庙宇的柱廊竟以黑色为主，与阶陛的白色相映衬。这种色彩的操纵可谓轻重得当，极含蓄的能事。"

里面用了"冷色""主色"等美术上的专用名词。

在文章的最后，林徽因总结性地说：

"在这时期，中国的新建筑师对于他祖先留下的一份产业实在应当有个充分的认识。因此思成将他所已知道的比较详尽的清式则例整理出来，以供建筑师们和建筑学生们的参考。他嘱我为作结论，申述中国建筑之沿革，并略论其优劣，我对于中国建筑沿革所识几微，优劣的评论，更非所敢。姑草此数千言，拉杂成此一篇，只怕对《清式则例》读者无所裨益但乱听闻。不过我敢对读者提醒一声，规矩只是匠人的引导，创造的建筑师们和建筑学生们，虽须要明了过去的传统规矩，却不要盲从则例，束缚自己的创造力。我们要记着一句普通谚语：'尽信书不如无书'。"

梁思成将一套《清式营造则例》的盒装礼品书送给费正清夫妇时，脸上满是自豪和欢乐，这是他和妻子多少年来的心血啊！自从这本书出版后，梁思成更忙了。他率邵力工、麦俨增、纪玉堂将故宫的全部建筑都测绘出来，这是 1934 年中央研究院拨款 5000 元，交给中国营造学社的任务，准备出一本专著。从 1934 年到 1937 年，他们测绘了天安门、端门、午门、太和门、太和殿、中和殿、保和殿、文华门、文华殿、集义殿、文渊阁、传心殿、西华门、武英殿、东华门、东西南北四角楼等，共有 60 多处。除故宫外，还测了安定门、东直门等，可惜因为抗日战争爆发，任务没有完成，已测绘的图纸也没有全部整理出来。

1935 年初，南京政府决定，山东曲阜的孔庙需要修缮和养护。梁思成向政府递交了他的调查报告，提出修复的建议和费用估价。接着他就到曲阜勘察孔庙，并作修葺计划。回北平后，他写了 13 万字的报告，比较全面地阐述了自己对古建筑保护和维修的一些原则理论。

就在梁思成忙得不亦乐乎的时候，林徽因的肺结核病又复发了。医院的大夫要求她卧床休息3年，但林徽因不愿意，只答应休息6个月。他们请了个高级护士到家里来照顾林徽因。

每天，林徽因除了睡觉外，就进行写作。2月，她的诗《忆》被选入杨晋豪编的《中国文艺年鉴（1934年）》，由上海北新书局出版。6月1日，她的诗《吊玮德》发表在《文艺月刊》第7卷第6期上。她的小说《钟绿》《吉公》，诗《城楼上》，散文《纪念徐志摩去世四周年》等，发表在《大公报·文艺副刊》上。另外她还写了诗《灵感》，生前没有发表，后来收入1985年出版的《林徽因诗集》里。

夏天到了，林徽因准备到北戴河去疗养。在这之前，金岳霖给费正清夫妇写信说林徽因"刚刚完成了一篇小说，有节奏地展开一个接一个的美丽情节，直到高潮到来并沉入某种遥远和崇高的境界之中"；还说林徽因"当然对一些事情是担心的，如果不是对什么特定的事情担心的话，她肯定是在一般地担心一切事情。她不久就要到北戴河（北方的海边避暑地）去"。

那"刚刚完成的一篇小说"，指的是《钟绿》。

八　书信常来往

1935年圣诞节，费正清和妻子费慰梅离开中国回美国去了。

费正清夫妇回国后，林徽因与他们的书信常来往，谈艺术、谈创作、谈家事，无所不谈。

1936年是林徽因的创作丰收年。发表的作品很多，诗有《深

1935年，林徽因于北总布胡同3号家中

笑》《风筝》《记忆》《静院》《无题》《题剔空菩提叶》《黄昏过泰山》《昼梦》《八月的忧愁》《过杨柳》《瞑想》《空想》等，散文有《蛛丝和梅花》《唐缶小瓮》等，小说有《文珍》等，评论有《究竟怎么一回事》《〈文艺丛刊小说选〉题记》等。

林徽因在费正清夫妇离开中国之前的几个月里，经常和他们一起去骑马，那都是一些从蒙古进口的好马，马童把装好鞍子的马牵给顾客，骑马人就可以在城外的田野上溜达。林徽因与费正清夫妇在山西考察时，喜欢骑驴慢行，现在骑在马背上更棒了。林徽因脚蹬一对马靴，身穿一套暖和的绒衫裤，头戴一顶皮帽子，一副女骑师的样子。当她迎风奔驰时，两颊红红的，眼睛亮亮的，美极了。骑马增进了她的健康。有时候她也和家人一起到香山骑驴游玩。有一张照片上是身着马装的林徽因和儿女梁再冰、梁从诫，还有叶恭绰的女儿叶彤、周嘉平等骑着驴，一溜横排，只有林徽因站在驴旁，扶着骑在驴上的孩子。这张照片是梁思成于1936年拍的。

1936年4月，梁思成和林徽因、金岳霖一起接待美国建筑学家克拉伦斯·斯坦因及其夫人著名演员爱琳娜·麦克马洪来访。林徽因和金岳霖陪他们到颐和园去，并在后山赏花。林徽因说："我们爱上了他们，他们差不多同时也爱上了我们。"

美国客人的到来，促使梁思成再一次阅读和思考了城市规划,他决定继续进行野外的研究工作。

在1936年,林徽因或者自己演讲,或者听别人演讲。11月16日,林徽因作《中国建筑》的演讲,朱自清等来听讲。4月25日,林徽因在朱光潜的家里听顾颉刚作关于吴歌的讲演,在座的还有周作人、朱自清、沈从文、卞之琳等。

1933年,中国营造学社赴山西大同考察途中
左一:莫宗江;左二:林徽因;左三:刘敦桢
中国营造学社纪念馆藏

第四章
醉心于中国建筑史研究

1936年,林徽因在测绘山东滋阳兴隆寺塔

一 到河南、山东考察

1936年5月28日,林徽因和梁思成到达河南洛阳,会同先期抵达的刘敦桢和陈明达等,一起考察龙门石窟。

龙门石窟是我国三大艺术宝库之一,位于洛阳市南13公里处。伊河两岸的龙门山和香山两山相对,石壁峭立,空缺如门,因处于隋唐帝都之南,又叫龙门。这儿的风景极佳,满山翠柏,瀑布飞泉。从北魏至隋唐,历经6个朝代连续营造达400多年之久。现在保存下来的石窟龛2100多个,佛塔40多座,碑刻题记3600余种,大小造像10万余尊。其中最大的佛像高达17.14米,最小的则仅仅只有2厘米。主要的洞窟有潜溪洞、宾阳之洞、万佛洞、莲花洞、古阳洞、奉先寺、东山看经寺等。内中奉先寺规模最大,造像尤其精美壮观。

林徽因对此大为惊叹,她写道:

"我现在是坐在最大的露天石窟龙门下面,那九座最大的佛像,或坐姿或立姿,或静止或活动,都瞪着我(我也瞪着他们)……我被只有在这种盛大场面才会产生的恐惧感压倒了。"

在龙门石窟考察时,他们最苦恼的是受到大群跳蚤的袭击，就像千军万马的陆战队在向他们发起进攻。刘敦桢在日记里写着："寓室湫隘，蚤类猖獗，经夜不能交睫。"

林徽因他们考察完龙门石窟以后，又去调查了关羽墓。

三国时期蜀将关羽的墓地，在关林。位于洛阳市南郊8公里处。这里是一个布局严整的古建筑群，整个建筑为四面起坡，五脊飞檐，建筑宏伟。古柏成林，苍翠入云。还有洛阳古代石刻艺术品。

6月，林徽因和梁思成到开封考察了当地宋代的繁塔、铁塔和龙亭等处，而后到山东济南，与麦俨增会合，前往东边的历城、章丘、临沂、益都、潍县等地方，然后回到济南，再往南，到长清、泰安、滋阳、济宁、邹县、滕县等地考察。

在林徽因他们考察的十几个县中，重要的古建筑有建于隋大业七年，即公元611年的历城的神通寺四门塔。它的外形与云冈浮雕所见很相似。

还有泰山脚下泰安城内的岱庙，是历代帝王祭祀的地方。它建立的年代久远，北宋大中祥符年间扩建，后来各个朝代都进行过修缮，是我国三大宫殿式建筑之一，规模极其宏大。殿内庙中有宋代壁画，汉代种植的古柏，历代名人碑刻等，均极为珍贵。岱庙的山门，仍然保持着方形门洞的古制，如宋画《清明上河图》中画的一样。属于国内孤例。

林徽因他们到了益都后，原来打算去考察益都云门摩崖雕像，因为那里的雕像是隋代雕像的精品，但听说已破坏得很厉害，再加上途中时有土匪出没抢财夺命，益都县的当局极力反对他们前往。林徽因与梁思成商量后，决定不去了。

1936年4月，林徽因、梁思成与费慰梅在北平

二 抗战前的最后一次考察

日本人曾经断言,中国已不存在唐代的木构建筑,要看唐制木构建筑,人们只能到日本奈良去。

但是,梁思成和林徽因相信,中国这么大的地方,肯定会有唐代的木构建筑的存在。于是,他们到图书馆去翻阅了很多材料,结果有重大的发现。在法国汉学家伯希和写的《敦煌石窟图录》里,有两张唐代壁画的研究引起他们的注意。这两张壁画描述了佛教圣地五台山的全景,并标明了每所寺的名字。梁思成又在北平图书馆见到一本《清凉山志》,里面有佛光寺的记载,说佛光寺不在台怀这个中心区,而是在台外。梁思成和林徽因估计这个地方由于交通不便,贫穷落后,进香的人也不多,这样比较有利于古建筑的保存。他们决定去一趟,碰碰运气。

1937年6月,梁思成和林徽因、莫宗江、纪玉堂一起到清凉山(山西五台山)去寻找佛光寺。他们先乘火车到太原,这儿离五台山最近。在火车上,林徽因发现远处有一座庙宇,历年实地考察的经验告诉她,这座庙宇是有价值的,应该去看一看。

他们下了火车,在等待省政府办理旅行手续的时候,到榆次去了两次。那里有一座规模不小的永寿寺,但当时只留下一个小殿堂,叫雨花宫。1949年以后,雨花宫也被拆除了。林徽因他们那时拍的照片和测绘的数据,现在是属于独一无二,弥足珍贵。

考察完雨花宫以后,他们回到太原,准备往五台山进发。起先,他们坐汽车,到了半路,他们改骑驮骡,在险峻的山路上迂回前进,有时在悬崖边上,连牲口也不肯向前,他们只好拉着毛驴步行。这样走了两天,在掌灯时分才到达豆村,抬眼望去,一座庄严的寺庙在向他们招手,那就是佛光寺。

佛光寺位于五台县城东北32公里,创建于北魏。现存的唐代木构、泥塑、石刻、壁画、墨迹,以及寺内外的魏(或齐)唐墓塔、石雕,荟萃一处,相互依衬,是我国历史文物中的瑰宝。梁思成在《寻找古建筑》一文中,详细地描述了他们在佛光寺的一些情况:

> 这个"阁楼"里住着好几千只蝙蝠,它们聚集在脊檩上边,就像厚厚的一层鱼子酱一样,这就使我无法找到在上面可能写着的日期。除此之外,木材中又有千千万万吃蝙蝠血的臭虫。我们站着的顶棚上部覆盖着厚厚的一层尘土,可能是几百年来积存的,不时还有蝙蝠的小尸体横陈其间。我们戴着厚厚的口

罩掩盖口鼻,在完全的黑暗和难耐的秽气中好几个小时地测量、画图和用闪光灯照相。当我们终于从屋檐下钻出来呼吸新鲜空气的时候,发现在背包里爬满了千百只臭虫。我们自己也被咬得很厉害。可是我们的发现的重要性和意外收获,使得这些日子成为我多年来寻找古建筑中最快乐的时光。

我们在大厅里工作的第三天,我妻子在一根梁的根部下面注意到有中国墨的很淡的字迹。这个发现对我们大家的影响有如电击一般。没有比实际写在庙的梁上或刻在石头上的日期更让人欢喜的东西了。那富丽堂皇的唐代建筑已在面前——但我怎么报道它的建造日期呢?唐朝从618年一直延续到906年。现在这带有淡淡字迹的木头即将提供给我盼望已久的答案。当我们大家忙着想办法在佛像群中搭起脚手架以便清洗梁柱和就近审视题字时,我妻子径直去工作了。她把头尽量往后仰,从下边各个不同角度尽力辨识梁上的文字。经过这样的一番艰苦努力,她认出一些隐约的人名,还带有长长的唐朝官职。其中最重要的是最右边的那根梁上,当时依稀可辨的是:"佛殿主女弟子宁公遇"。

施主是个女的!这位年轻的建筑学家,本身是个女人,将成为第一个发现中国最奇的古庙的人,而该庙的施主竟然也是个女人,显然不是一个偶然的巧合。她生怕会由于生动的幻觉而误识了不易辨识的字。但她记得她在外面台阶前经幢石柱上看到过类似的带官职的人名。她离开大殿。想去核实她在石柱上看到过的刻字。她大喜过望地发现,除了一大串官名以外,石柱上赫然有着同样的句子："佛殿主女弟子宁公遇"。石柱上刻的年代是"唐大中十一年"，相当于公元857年。

出外总比不了在家里那么方便，衣食住行样样都碰到困难，特别是在20世纪30年代，山区的贫穷落后，使林徽因他们大为吃惊。走进农民的家里，只有放在房屋角落里的一点点土豆，如果卖了，自己就得挨饿。所以你出再多的钱，他也不肯卖。林徽因他们每到一处，纪玉堂立即出去找吃的，饭是铁，人是钢，一顿不吃饿得慌。但是纪玉堂拿出浑身的解数，争取到最好的吃食就是一锅黑不溜秋的面条。一路上的交通工具，不是马车，就是骑马骑驴，实在不行的话，就是迈开大步走路呗。住嘛，最好的住处，就是学校和寺庙，不然的话，只能与苍蝇、蚊子、虱子为伍，睡在大车店里。

林徽因他们在代县休息几天，看报时，才知道抗日战争爆发了。

那是梁思成于7月15日傍晚，在辛苦工作一天之后得到的一捆报纸，那是从太原带过来的，因为公路被水淹延迟了几天。当他们回到帐篷里，躺在帆布床上读报的时候，赫然在目的大标题是："日军猛烈进攻我平郊据点"，啊！战争爆发已有一星期了。原来，1937年7月7日，在这个世界注目的日子里，林徽因和同伴们发现了佛光寺大殿为当时国内已知的最古老的木结构建筑。

三　离开已沦陷的北平

当林徽因和梁思成与同伴们一路上躲开日本人的军队，绕道回到北平时，北平已变成一个大战场。林徽因和梁思成看到胡同口挖了战壕，政府机关已经开始疏散、撤退。回到家中，面对战争，他们该怎么办？当时也许想得不是很具体，但对于需要做出的牺牲，他们是有准备的。首先，面对一大堆野外调

1936年，林徽因与梁思庄携孩子们游览故宫太和殿
左起：梁柏有、林徽因、梁再冰、吴荔明、梁从诫、梁思庄

查来的资料、测稿、图板、照片模型、笔记和图书等,得采取措施,这些是中国营造学社的成果,决不能让它们落入日本人的手里。商量结果,他们将把这些资料存入天津英租界的英资银行保险库中,希望将来战争结束后可以用。与此同时,梁思成把几篇英文论文寄往美国,请费正清帮助发表。在这种情况下,中国营造学社已经不可能再有什么活动,因此暂时解散。

1937年7月28日,北平沦陷了。

1937年9月5日,林徽因和梁思成带着两个孩子和母亲,一家5口,随身的行李,除了换洗的衣服外,就是中国营造学社的资料,匆匆上路了。他们第一站先到了天津,梁家在天津有房子,地处意大利租界,是个很好的避难所。一到那里,梁思成立即与一家英国银行说好,把中国营造学社的东西和其他贵重物品放在他们的保险箱里。

天津在1937年7月30日也已经沦陷,因此天津不可能久待。1937年9月25日,林徽因全家自塘沽登船南下,同行的有金岳霖和朱自清等。这天,我国历史上发生了一件重要的事情,那就是八路军115师在晋北平型关歼灭日军板垣师团300多人。林徽因一行于9月28日抵青岛。9月30日到济南,随即转车继续南下,当日半夜到达徐州。10月2日到武汉。10月14日抵长沙,住在火车站附近的房子里。

林徽因他们居住的房屋里，时常会传出歌声，那是梁思成在指挥大家唱歌。

1937年11月下旬，林徽因一家的住处连遭3次空袭，住房被炸塌，他们死里逃生。

林徽因和梁思成的家被炸，当晚无家可归，张奚若就把自己租来的两间屋子让了一间出来，全家5口人挤在另外的一间房里。林徽因他们家用的东西，都是从瓦砾中挖掘出来的。

在长沙，林徽因意外地碰到沈从文。

沈从文得知林徽因一家都在长沙，很兴奋。他立刻宴请林徽因、梁思成、张奚若、梅贻琦、叶企孙、朱自清、杨振声、闻一多、萧乾等，共两桌人。并请他弟弟沈岳荃给大家介绍上海"八一三"的情况。沈岳荃是个团长，在同日本人打仗时受伤了。

12月4日，陈之迈在潇湘酒家请林徽因、梁思成、吴宓、顾毓琇等人吃饭，大家边吃边谈，为当前的形势担忧。

看形势发展，长沙是住不下去了，还得走。

1937年12月8日，林徽因一家告别众多朋友，离开长沙向西南昆明迁徙，坐上一辆已经超载的大汽车。

林徽因他们一家乘坐的汽车开到一个叫晃县的地方，忽然停止不前了，这个地方在湖南邻近贵州的角落。当时，林徽因正抱着儿子，天很冷，隔着窗子欣赏沈从文笔下的湘西美景。

车子停下后，一打听，才知道所有往前走的大汽车都被征用了，准备拉走空军学院的学员和机器，至于车上的乘客就只能耐心等待了。什么时候有车，什么时候走，没车就只能在原地等着。

就在这时，林徽因病倒了，高烧至40摄氏度，先是支气管炎，不久发展为肺炎。小县城里没有医院，买不到药，旅馆里很脏，而且挤满了人。梁思成面对生病的妻子，面对老的老，小的小，一点办法也没有。他焦急地在马路上走着，忽然他停住了脚步，侧耳仔细听，听到了小提琴的声音。他想，这拉小提琴的人一定来自北京或者是上海。于是梁思成循着提琴声寻去，找到一家小旅馆。他上前敲门，门开了，映入眼帘的是满屋子的年轻人。原来屋里的8个年轻人是空军学院的学员，正在等车到昆明去。梁思成把自己妻子的病情讲了一遍，这些年轻人立刻热情地欢迎他们一家人，并腾出房子来。

有地方住了，然后梁思成又想办法找医生。在100多个等车的人中，梁思成还真的找到一位女医生呢。这位女医生曾经在日本的一所美国教会医院里受过训练，还研究过中医。她给林徽因吃煎药，服了两周后，林徽因烧退了。

在这两周里，梁思成每天下午带着两个孩子到小河边去玩，玩"打水漂"，就是手拿一块石头，往水里扔，看谁扔得最远，跳跃的次数最多。每次都是梁思成扔得最好，一块石头可以在水面上跳跃一二十下。晚上教孩子们看地图，让他们认识一下自己走过的路。所以长大后，梁再冰还能记得当时沿途的许多地名呢。

林徽因的病好了以后，他们乘上一辆小面包车，车上有16个座位。16个座位的车上竟然挤了27个乘客，可以想象当时的糟糕情形。

其实，更加糟糕的事情还在后头呢。有一次，汽车开到一座荒凉的大山顶上，突然抛锚了，这时天色已晚，12月的气候让人冻得够呛，大病初愈的林徽因整个人都快冻僵了，她拉着孩子们冻得通红的小手，不知该怎么办好。又听说这一带常有土匪出没，大家都挺害怕。

梁思成会开车又会修车，跳下车去和司机一同察看。他把手帕放进油箱，发现油没有了。这儿前不着店，后不着村的，上哪儿去找油啊？也罢！推吧！于是，车上的乘客纷纷下来推车向前。车子慢慢地向前走着，走着，忽然，不知是谁叫了起来，灯，灯！大家抬眼往前望去，果然前面有个村庄奇迹般地出现了，大家都欢呼起来，这一晚上，大家睡了一个安稳觉。真是要感谢上苍了！

从长沙到昆明，林徽因他们一家在路上整整走了40天才到达，这路上的艰险简直可以写一部书了。

四　在昆明

1938年1月上旬，林徽因全家抵达昆明，住在翠湖边巡津街。

昆明又称春城，一年四季都温暖如春。自然界的一切景色就像一幅幅的画，春夏秋冬的变化不大，永远像在过着春天。街上行人衣履轻便，年轻妇女只需穿着旗袍，外套一件薄薄的毛衣就可以了。1938年，正是抗日战争进入第二年的时候，但这儿竟恬静得像幽居在深山古刹里，仿佛与世界一切都隔绝了似的。四合院的房子，青石板的街道，一早一晚有骡马铃声响彻天空。那里的人有着与世无争的特有风貌，说话和行动都和载重而过的骡马一样，从容而悠闲。

到达昆明不久，梁思成的背剧烈地疼痛起来，晚上也无法睡觉，医生说是扁桃体脓毒引发的，最好能开刀。于是梁思成将扁桃体切除了。可是接着他又患了牙周炎，结果拔掉了满口的牙齿，真是痛苦不堪啊！此后，大约有年把的时间，梁思成简直没有办法平躺在床上，每天只能半躺半坐在帆布椅上。为怕服用过量的止痛片引起中毒，他就找些袜子来修补，以分散精力。

沈从文经过大半年的颠沛流离，于1938年暮春时节，来到昆明。沈从文来的时候没有带家眷，与杨振声一家在翠湖东面，北门附近青云街租了一座临街小楼，既是宿舍，又是办公室。沈从文当时是杨振声主持的教科书编委会成员，隶属于中央研究院。

沈从文到昆明的当天，林徽因和梁思成就陪他往北门街观赏昆明的雨后景色。

林徽因的家离沈从文的家不算远，她有空就到他的家里去，在那儿，林徽因认识了施蛰存。施蛰存当时在云南大学任教，下午没课，常常去找沈从文聊天。

1938年在昆明西山杨家村

1938年3月,金岳霖为新成立的西南联大购买图书,先到了昆明,他与梁家及其他好朋友的重逢,使他好激动。

那时,金岳霖有一只大公鸡,那是人家寄养在他那儿的。每一次拉警报,人们都出城疏散,可这位哲学家却进城保护他的大公鸡,真叫人啼笑皆非。

金岳霖说的"大学的校址"还没定下来。

1938年4月,教育部决定将长沙临时大学改名为西南联合大学,迁往昆明。由于昆明校舍尚未建成,5月,联大文学院法学院就暂时先在蒙自开学。在昆明,则选购了西北郊三分寺附近100多亩地作为校址。因为是在战争年代,一切因陋就简,除了几十排草顶泥墙的学生宿舍,几十处铁皮带窗的教室和一座大图书馆外,包括清华校长梅贻琦在内的所有教授只能在离校不远的大街小巷自己租房居住。新校舍建成后,蒙自分校也迁来昆明。11月8日,西南联合大学正式开学。沈从文等都在那儿教课,教现代文学和各体文习作等。在西南联大决定设立校舍建筑工程处时,学校聘请梁思成和林徽因为校舍顾问,为学校设计女生宿舍。

林徽因早年学过戏剧,现在仍然对其情有独钟。

当时,西南联大中一部分爱好戏剧的同学组织了一个剧团,准备排演《祖国》。

参加《祖国》演出的，除了凤子之外，还有孙毓棠，闻一多担任舞台美术设计。这个戏在昆明演出后，受到热烈欢迎。

1939年，林徽因又在西南联合大学作关于戏剧的演讲。

根据梁从诫的回忆，大约是在1939年的冬天，由于敌人的飞机对昆明的轰炸越来越频繁，林徽因一家从城里迁到市郊。先是住在麦地村的尼姑庵里。1940年春，梁思成在龙头村一块借来的地皮上用未烧制的土坯砖盖了3间小屋。梁从诫感叹道："而这竟是两位建筑师一生中为自己设计建造的唯一一所房子。"同年，金岳霖在此住宅尽头加了一间"耳房"。

此时，梁思成的弟弟梁思永全家也到了昆明，他们都住在一起。生活虽然艰苦，但有许多乐趣。

因为物价上涨，建筑经费超过预算的一倍，使林徽因家本来窘迫的经济陷入极度穷困之中。

后来正好收到费正清夫妇寄来的支票，才付清住宅建筑费用。

在离新家不远处，有一条水渠，边上有一个烧制陶器的小村叫瓦窑村。林徽因常常到那里的个体作坊去看老师傅工作，他们的手底下会做出各种陶坯，一看就是几个小时。

1939年秋天，梁思成和刘敦桢、莫宗江、陈明达往四川西部40个县进行了长达半年的野外考察。

梁思成在四川考察古建筑时,一路上采集了许多当地的民间谚语,记了厚厚的一大本。在林徽因家的一次聚会上,林徽因向大家介绍了这些民间谚语。梁思成说,在路上他们很少听到抬滑竿的轿夫们用普通的语言来对话的,例如,前面路上有一堆牛粪或者是马粪,走在前头的人就会说:"天上鸢子飞",后面的立刻答道:"地上牛屎堆"。于是小心地绕开粪堆。西南山区的路大多是用石板铺就的,时间一长,石板松动了,人踩上去,石缝里的泥浆会溅到身上,一不小心还会摔跤,碰到这情况,前边的人就会唱"活摇活",后边的人应声回答:"踩中莫踩角(jou)"。诸如此类的对话举不胜举。有时高兴了,就会你一句我一句地对起山歌来。

林徽因又说:"四川的谚语和民谣真是美呀!略加整理,就能成为很好的诗歌与民谣,可以把它编一本《滑竿曲》。"

到了1940年底,形势的发展越来越严峻。10月,国民党掀起了第二次反共高潮;11月,日本政府宣布承认汪精卫伪政权,并和汪精卫签订《日华基本关系条约》《附属议定书》及《日、满、华共同宣言》。

昆明上空的飞机越来越多,轰炸越来越厉害。林徽因曾经对人说过当时的情景,那日本轰炸机和追击飞机的机枪扫射都是一样的切肤之痛。不管飞机就在上空或尚在远处,都是一样——都是肚子里的一种要呕吐的感觉，特别是当一个人还没有吃过任何东西，而且在这一天中很长时间也不会有东西吃的时候就更是这样。

可怜的老金，他早上在城里有课，经常是早晨五点半就从村里出发，甚至在课还没有上的时候就遇到了空袭，于是不得不又和一大群人一道跑出来，走向另一座城门另一个方向的另一座山，直到下午五点半以后又绕一大圈走回村里，一天都没有吃饭、没有干活、没有休息，为干这个什么都耽误了。

1939年，天津发生水灾，中国营造学社存放在天津银行保险库的资料全部遭毁。消息传来，梁思成、林徽因和伙伴们都很难过，可是在那战争年代，天灾人祸是避免不了的。到了昆明以后，他们又开始逐渐恢复活动。1940年11月底，中国营造学社附属中央研究院历史语言研究所要迁移到四川去，作为中国营造学社社长、中央研究院研究员的梁思成，当然要跟随前往了。

梁思成在一封信里说："这次迁移使我们非常沮丧。它意味着我们将要和我们已经有了十年以上交情的一群朋友分离。我们将要去到一个除了中央研究院的研究所以外远离任何机关、远离任何'大城市'的一个全然陌生的地方。大学将留在昆明，老金、端升、奚若和别的人也将如此。不管我们逃到哪里，我们都将每月用好多天、每天用好多小时，打断日常的生活——工作、进餐和睡眠来跑警报。但是我想英国的情况还要糟得多。"

林徽因虽然离开了昆明，但留在她心中的朋友的友谊、友情、真情、温情却是永远的。她记得吴宓、朱自清的来访；她记得到昆明来参加文学界反日联盟会议，并作演讲的沈雁冰（茅盾）和朱自清一起到咖啡馆喝咖啡的情景；她记得 Norman France（诺曼·法朗士）和 Willian Empson（威廉·燕卜逊）联合在昆明大旅社举行的宴会，那天出席的还有美国领事馆和吴宓等中外人士；她记得出席朱驭欧举行的宴会，席间，林徽因谈到航空学校的情况和空军作战的新闻；她记得他们和钱端升宴请清华大学的外籍教授温特，为他北归饯行……

3 年的昆明生活是林徽因短暂的一生中作为健康人的最后一个时期，在这里，她尝到了抗日战争时大后方知识分子生活的甜酸苦辣。

五　贫病交加

1940年底,林徽因带着两个孩子和母亲,一起乘卡车到四川,经过毕节、叙州、泸州抵达南溪的李庄上坎村。卡车上还有30多个人,有老有小,老的有年过七旬的,小的还是个

1943年,林徽因于四川李庄家中的病榻上

婴儿。每个人家都得到一点很少的搬迁费，车上没有顶，天气又很冷，大家都冻得要命。经过两个星期的折腾终于到达目的地。

梁思成临行时突然发烧，先留在昆明，没有与妻子他们同行，过了3个星期后才到达四川。

李庄在宜宾的附近，距离扬子江只有30公里，而离重庆有3天的水路，是个名副其实的穷乡僻壤。林徽因一家住进了一处篾条抹灰的简陋农舍。艰苦的生活、路途的劳累和四川冬天潮湿阴冷的气候，终于使林徽因的肺病恶性发作，卧床不起。而同时梁思成脊椎软组织灰质化的毛病也越来越严重。

李庄的生活确实很艰难，家里唯一给林徽因睡觉的床，就是一张摇摇晃晃的行军床；高级营养品，就是偶尔有朋友从重庆或者昆明带来的小罐奶粉；家里唯一的一个体温表，被儿子不小心打碎了，使林徽因大半年无法量体温。就是在这样的条件下，林徽因的病情一天比一天重，却得不到像样的治疗。全家人都眼睁睁地看着她消瘦下去，眼窝深陷，面色苍白。

梁思成的工资，大部分用来给林徽因买药，哪还有什么钱给孩子们添加衣服鞋袜呢？可怜的儿子几乎长年穿草鞋或者赤脚，只有到了最冷的冬天，才穿上外婆亲手做的布鞋。

由于林徽因的病越来越重，家里就请了一个女仆来帮忙。

这个年轻的女仆有着中国劳动人民的美德：勤劳、朴素、忠诚、老实，脾气又好。

一个好的女仆、好的食品、朋友送的奶粉，竟使林徽因的身体逐渐恢复起来。林徽因在写给费慰梅的信里说，她现在不咳嗽、不发烧，没有消化不良，睡眠和胃口都好，还有好的食物和克宁奶粉。她特别喜欢专给她的床打的一副床架子，把床抬高了。"使它空前地接近人类的高度，而不是接近地面，人们要给她什么东西就不需要把腰弯得这么低了。"

生活是贫困的，生活是快乐的，林徽因并没有感到失望、痛苦，她和丈夫、孩子们一起战胜困难，寻求开心的事情。在林徽因的床周围都是书，她告诉美国朋友："顺便说说，我最近的阅读范围很广，包括《战争与和平》、《通往印度》、《狄斯累利传》、《维多利亚女王传》、《元朝宫殿》（中文）、《清宫秘史》、《宋代堤堰和墓室建筑》、《洪氏年谱》、《安那托里·佛兰西外史》、《卡萨诺瓦回忆录》、《莎士比亚全集》、《安德烈·纪德全集》、塞缪尔·巴特勒的《品牌品牌品牌》、梁思成的手稿、小弟的作文和孩子们喜爱的《爱丽思漫游记》中文译本。"

另外，与孩子们一起读诗、朗诵，也是一件快事。那时候全家最喜欢的几首诗是杜甫的"剑外忽传收蓟北，初闻涕泪满衣裳""遥怜小儿女，未解忆长安"，以及陆游的"家祭勿忘告乃翁"等。

梁从诫回忆道："我和姐姐至今还能举出不少当时她读过的书名，这是因为当时她常常读书有感却找不到人交谈，只好对着两只小牛弹她的琴。这时期，她读了许多俄罗斯作家的作品，我记得她非常喜欢屠格涅夫的《猎人日记》，而且要求我也当成功课去读它（那时我只有12岁），还要我们一句句地去体味屠格涅夫对自然景色的描写；《米开朗琪罗传》因为是英文的，我们实在没法子读，她就读一章，给我们讲一章，特别详细地为我们描述了米开朗琪罗为圣彼得教堂穹顶作画时的艰辛。讲的时候很动感情，可能因为米开朗琪罗那种对艺术的执着追求特别引起了她的共鸣。""母亲非常擅长朗诵。我记得，还在昆明时期，我大概只是小学二年级，她教我《唐雎不辱使命》，自己读给我和姐姐听。一篇古文，被她读得绘声绘色，唐雎的英雄胆气，秦王前倨而后恭的窘态，听来简直似一场电影。五十年过去了，我仍觉得声声在耳，历历在目。在李庄时，她从中研院历史语言研究所借上过几张劳伦斯·奥列弗的莎剧台词唱片，非常喜欢，常常模仿这位英国名演员的语调，大声地'耳语'：'To be or not to be, that is the question！'于是父亲、姐姐和我就热烈鼓掌……她这位母亲，几乎从未给我们讲过什么小白兔、大灰狼之类的故事，除了给我们买大量的书要我们自己去读之外，就是以她自己的作品和对文学的理解来代替稚气的童话，像对成年人一样地来陶冶我们幼小的心灵。"

林徽因对孩子们的爱是无法用语言来表达的。她称梁再冰为宝宝，叫梁从诫为小弟。

当亲人来的时候，林徽因就特别高兴。林徽因虽然生病，可脾气没改，仍然是快人快语，梁思庄坐在一边，总是比手画脚，又说又笑。

生活越是清苦，林徽因和梁思成对未来越充满信心。他们相信"即从巴峡穿巫峡，便下襄阳向洛阳"的日子即将来到。至于梁思成仍然爱画图，而且作画时，嘴里还唱歌。他梦想着等战争结束后，到全国各地去考察。有一次，他对妻子说，如果今生有机会到敦煌去的话，他就是一步一叩头也心甘情愿。

林徽因有趣地把自己比作车站的站长，把梁思成比作车站，金岳霖比作旅客。林徽因说：

> 思成是个慢性子，喜欢一次就做一件事情，对做家务是最不在行了。而家务事却多得很，都来找寻他，就像任何时候都有不同车次的火车到达纽约中央火车站一样。当然我仍然是站长，他可能就是那个车站！我可能被轧死，但他永远不会。老金（他在这里呆了些日子了）是那么一种客人，要么就是到火

车站去送人,要么就是接人。他稍稍有些干扰正常的时刻表,但也使火车站比较吸引人一点和站长比较容易激动一点。

1941年秋天,金岳霖从昆明到李庄休假,重写《知识论》。这部几十万字的稿子,重写是非常不容易的。有一次,空袭警报来了,金岳霖把稿子包好跑到昆明北边的蛇山躲着,人就坐在稿子上,警报解除后,金岳霖站起来就走。等到他记起来,回去再找稿子已经没有了。

六 雪中送炭

在昆明时,梁思成的弟弟梁思永凑了点钱,盖了几间小房屋,屋内地上铺木板,外边的地上铺砖头。1940年冬天,他们准备迁往四川李庄时,只得忍痛割爱,让给别人。

1941年2月,梁思永突然患重病。

1938年在昆明西山华亭寺
左起:周培源、梁思成、陈岱孙、林徽因、梁再冰、金岳霖、吴有训、梁从诫

梁思永住在山下羊街8号,他的身体本来就虚弱,每天得去上班,中午只是吃点带去的炸酱面,不一会儿肚子就饿了。为了减轻上山下山的负担,历史语言研究所的所长傅斯年(孟真)出面,为他在山上的研究所的院子里腾出3间房,并派人铺上地板,装上玻璃窗,安上顶棚,梁思永睡在床上就能晒到太阳。这在抗战中真是到了天堂了。上山要走很多台阶,梁思成不放心,自己睡在担架上,让人抬上去,等到他认为万无一失时,才将梁思永抬上山去。

傅斯年看到梁思成兄弟的情况,两家都有重病人,如何全心全意地进行研究工作呢?再加上研究资金的不足,给他们带来种种困难,傅斯年心里非常着急,他想帮助他们。于是,傅斯年在1942年4月18日给当时的教育部部长朱家骅写了一封情真意切的信。信如下:

骝先吾兄左右:

兹有一事与兄商之。梁思成、思永兄弟皆困在李庄。思成之困,是因其夫人林徽音女士生了T.B.,卧床二年矣。思永是闹了三年胃病,甚重之胃病,近忽患气管炎,一查,肺病甚重。梁任公家道清寒,兄必知之,他们二人万里跋涉,到湘、到桂、到滇、到川,已弄得吃尽当光,又逢此等病,其势不可终日,弟在此看着,实在难过,兄必有同感也。弟之看法,政府对于

他们兄弟,似当给些补助,其理由如下:

1. 梁任公虽曾为国民党之敌人,然其人于中国新教育及青年之爱国思想上大有影响启明之作用。……

2. 思成之研究中国建筑,并世无匹,营造学社,即彼一人耳(在君语)……

3. 思永为人,在敝所同事中最有公道心,安阳发掘,后来完全靠他,今日写报告亦靠他。……

…………

弟　斯年谨上　四月十八日

弟写此信,未告二梁,彼等不知。

因兄在病中,此写了同样信给詠霓,詠霓与任公有故也。弟为人谋,故标准看得松。如何?

弟　年又白

信中提到的"詠霓"说的是翁文灏。

傅斯年信里说:"弟写此信,未告二梁,彼等不知。"这是事实。

后来,林徽因收到傅斯年的信,"大吃一惊",立即给他去信。

傅斯年究竟要到了多少钱?因为当事人均已谢世,所以再难知晓。但是有一点是肯定的,钱是寄来了,而且数目不会小,要不然,林徽因也不会写这封信。后来梁思成在写给费正清的信里说:"我们的家境已经大大改善,大概你们都无法相信。每天的生活十分正常,我按时上班从不间断,徽因操持家务也不感到吃力,她说主要是她对待事物的态度变了,恰巧有一些小事使她感到很舒服,而许多事情过去曾经使她很恼火。当然,秘密就在于我们的经济情况改善了。而最让人高兴的是,徽因的体重在过去两个月中增加了八磅半。"

梁思成在信里说:"当然,秘密就在于我们的经济情况改善了。"他没说是为什么。其实,就是傅斯年帮的忙。

七 我国第一本《中国建筑史》

1938年初，林徽因住在昆明巡津街九号

20世纪40年代初，美国邀请梁思成去讲学，并且将林徽因也带去治病。梁思成回信说："我的祖国正在灾难中，我不能离开她；假使我必须死在刺刀或炸弹下，我要死在祖国的土地上。"多么伟大的爱国者啊！林徽因也毅然谢绝，她想的是"决不愿作中国的白俄"。

当时，林徽因的肺病已相当严重，常常大口大口地吐血。后来病稍微控制一点后，梁思成就从图书馆里带回一些书籍，以恢复她对学术研究的兴趣，可以帮助他进行深入的研究。其实，早在东北时，林徽因就鼓动梁思成写一部《中国建筑史》。那时，唯一的一部中国建筑史是日本人写的，里面的插图是日军持刀站在中国古建筑面前，民族的尊严令林徽因他们暗下决心，写出一部高水平的建筑史。自此，林徽因和梁思成与中国营造学社的同仁们一起，风餐露宿，历经艰险，对华北古建筑做了大量的考察。

1939年，中央博物馆聘请梁思成担任建筑史料编纂委员会主任。1942年，梁思成接受国立编译馆的委托，着手编著《中国建筑史》。林徽因、莫宗江、卢绳都参加了这项工作。林徽因负责收集辽、宋的文献资料，卢绳负责收集元、明、清的文献资料，莫宗江负责绘制插图。

这些参加《中国建筑史》编写的朋友都是中国营造学社的人。

中国营造学社在李庄的办公室，是一座L形的平房。在南北打通的长长的工作间里，有一排排的桌椅，供大家画草图和写作时用。营造学社的成员和林徽因的全家都住在里面的房子里。

生活虽然艰苦，工作虽然紧张，但他们互相关心、爱护，过得很开心。1941年，学社招聘了罗哲文。

1942年又来了卢绳和叶仲玑。

一个学社的存在，必须有研究刊物，以展示该社团的成果。中国营造学社一直坚持出版《中国营造学社汇刊》。罗哲文后来回忆道："抗战时期的四川，出版刊物极为困难，尤其是在李庄乡下就更加困难了。思成先生想尽一切办法要恢复出版《汇刊》。……我们是用药纸、药水手写石印，不仅有文字，还有平、立、剖的墨线图。照片也是用描绘的图代替。从抄写、绘图、石印、折页、装订，完全都是学社同仁一手完成的。连全体同仁的老少家属也都参加了工作。……这种实干苦干的精神现在想起来，还是很动人的。"

1934年，费慰梅曾经到山东武氏墓地进行考察，回去后着手写了一本关于该墓地汉代浮雕的书，20世纪40年代时，寄给林徽因夫妇。他们看了这本书以后，梁思成给费慰梅写信，说："徽因对于你在汉墓结合其拓片方面的研究极感兴趣。或许你到现在还不知道她自己也探索过汉代历史。她曾私下非常勤奋地熟识了汉代的著名人物，帝王和王后，将军和大臣，他们的宠幸和敌人，她谈到他们时简直就和谈论隔壁最好的朋友一样！这还不算，她把他们的习惯、服装、建筑至脾气秉性都联系在一起。如果她照现在的速度搞下去，她将会成为在汉朝研究方面特别有学问的年轻女子。就是现在，她还能有声有色地详细讲述西汉大部分历史人物的故事。""她计划从汉代历史中给你抄一张有关描述实际生活的壁画的摘录。看起来汉朝人特别喜欢在墙上或隔板上画画，她对此做了很多记录。她甚至认为汉朝人画画的本领比我们在那个时期的石刻上或浮雕上见到的还要大。把图画刻在石头上有时候必须采用建筑上的表现手法，人显得胖，风度不那么优美，特别是在那些浅浮雕上。从你的一些拓片复制品上我们可以看到描写动态的马和狗的漂亮的单线图。试想一下假定这些线条用毛笔画在汉代历史上出现过的宫殿的墙上，我们将会看到什么景象。"

经过一番准备，梁思成和林徽因等着手写《中国建筑史》了。

林徽因写了《中国建筑史》第6章里的宋辽金的部分，她写了《北宋之宫殿苑囿寺观都市》《辽之都市及宫殿》《金之都市宫殿佛寺》等。林徽因在文中详细写了宋朝皇帝建筑方面的情况：

> 考宋诸帝土木之功，国初太祖朝（公元九六〇至九七六年）建设未尝求奢，而多豪壮，或因周庙之制，宋初视为当然，故每有建置，动辄数百间。……
>
> 真宗朝（公元九九七至一〇二二年）愈崇道教，趋祥异之

说，盛礼缛仪，费金最多。作玉清照应宫"凡二千六百一十楹，以丁谓为修宫使，调诸州工匠为之，七年而成"。……

仁宗之世（公元一〇二三至一〇六三年），夏始自大，屡年构兵，国用枯竭，土木之事仍不稍衰，但多务重修。……

英宗在位仅四年（公元一〇六四至一〇六七年），土木之事已于司马光《乞停寝京城不急修造》之疏中见其端倪。……

梁思成于1954年1月在油印本《中国建筑史》前言中说："这部稿子是一部集体劳动的果实……林徽因同志除了对辽宋的文献部分负责搜集资料并执笔外，全稿都经过她校阅补充。"

可想而知，林徽因的工作量有多大。

在1949年10月以后，中国科学院编译局曾建议出版《中国建筑史》，但是梁思成认为它是1944年完成的，部分观点有待修正，没有同意。当时，各高校都需要中国建筑史的教材，经过出版社和梁思成商量后，先油印了50份。等修改后再正式出版。但是由于种种原因，没有修改，一直到梁思成去世后，才将此稿收入《梁思成文集》第三卷。

《中国建筑史》是我国第一本由中国人自己写的比较系统的中国建筑史，完成了林徽因等《中国建筑史》要由中国人来写的夙愿。

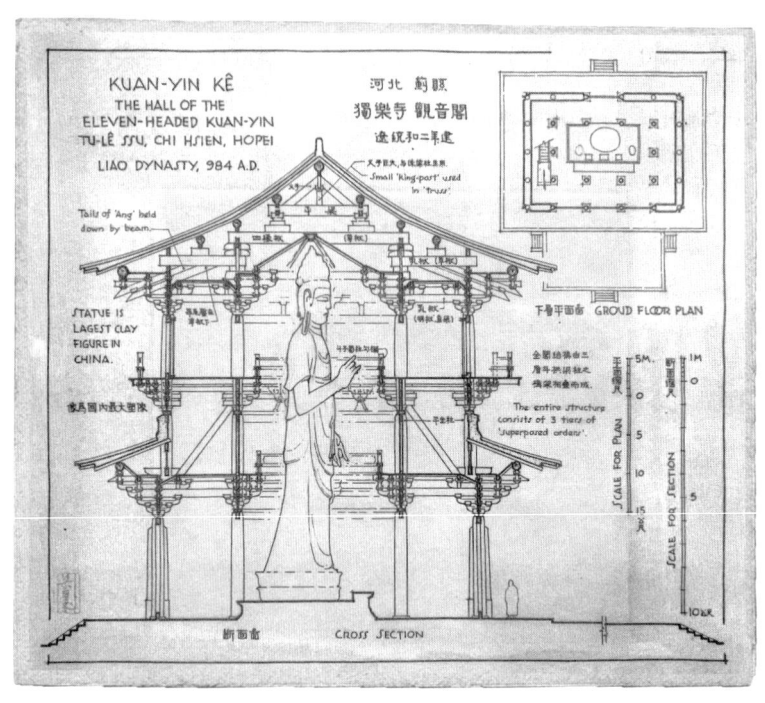

梁思成《图像中国建筑史》插图
中国国家图书馆藏

第五章
不老的女神

1935年，林徽因与梁再冰、金岳霖（左一）、费慰梅、费正清等人摄于天坛

一　与美国朋友重逢

1941年12月，太平洋战争爆发的时候，费正清和费慰梅都在华盛顿政府机构里工作，他们希望并期待着能到中国去。1942年8月中旬，费正清被情报协调局派往中国。情报协调局于1942年6月改名为战略情报局。

当时从美国到中国来，只有一条通道，得经过印度。费正清比费慰梅早3年到中国来的。他乘飞机沿着南美洲海岸，经过大西洋中部的复活节岛，穿过非洲到达埃及，再穿过印度洋到达印度，最后飞越喜马拉雅山到昆明。

到达昆明后，费正清受到热烈的欢迎，朋友们用美国吉普车送他到龙头村，就是当年林徽因设计的房屋所在地，现在他们搬走了，钱端升一家还住着。费正清认为这住宅设计得很棒。他说："本地的土坯墙和瓦房顶，内部是轻质的木结构和粉白的石灰墙。后面则是在桉树丛中漂亮的小花园。"

由于费正清必须在昆明等待几天，才能搭上飞机飞往重庆，所以他抓紧时间，到大学去拜访朋友。有物理学家梅贻琦，他当时是3所大学的代理校长，这3所大学就是南开大学、北京大学和清华大学。还有是哲学家金岳霖、经济学家陈岱孙等。费正清看到，食物和房子以及起码的生活必需品，是这些大学教授最迫切需要解决的问题。

从李庄到重庆要乘好几天的船，梁思成经常要到重庆去拿政府给研究所的钱。他到了那儿，就住在中央研究所的招待所。费正清把这里描绘成："高级知识分子生活在落难状态中，被褥、锅盆瓢勺、孩子、橘子和谈话喧闹声乱成一团。这是一个贫民窟但又住满了受过高等教育的专家，真是一个悲喜剧的好题材。"

1942年9月28日，费正清在中央研究所的招待所里见到了梁思成。费正清说："他情绪激动地握着我的手达5分钟之久。"

梁思成回到李庄后，告诉林徽因，他见到了费正清，并邀请他到李庄来玩。自此，他们就盼望着费正清的到来。

费正清到李庄去的日期推迟到11月的中旬，陪他去的是社会学家陶孟和。

陶孟和是金岳霖的好朋友，后来发生矛盾，由梁思成从中周旋，才重归于好。金岳霖说："陶孟和先生是我的老朋友，后来在四川李庄同我发生了矛盾，但是，那是个人之间的小事，作为有大影响的知识分子，他是为当时的人所钦佩的，也是应该为后世的人所纪念的。"

1942年11月10日傍晚，费正清和陶孟和一起搭乘小火轮溯扬子江而上去访问李庄。费正清说："乘客们在船上，犹如身处地下铁道列车上，悠闲自得，并不匆忙赶路。我们的船舱是一个聊天、睡觉的好地方。"

　　虽然，费正清在轮船上，在油布上铺了睡袋，睡袋里再放了一条绒毯，头上还蒙上一块头巾，这些都是他自己带来的，可还是得了感冒。在轮船上度过了4天后，他们在宜宾又转乘了一艘小火轮，这才抵达李庄。

　　费正清对李庄的印象是："一个约有10000人口的市镇，照例它也有一条石板大街，街上挤满了人群，两旁都是摆满了商品的店铺。它坐落在一个有半英里宽的平原上，地势高亢，足以避免洪水泛滥。这里可以看到扬子江的典型风光，一条绵亘不断的河谷，两边夹峙着高约200—400英尺的小山，还有一长条狭窄的沿江平原，平原上全都是精耕细作的田地。在四川境内，长江有一条非常明确的由岩石构成的河床，因此江流从未在任何地方改道。最令人惊异的是，你向一边望去，可以看到宁静的田地，并看到两岸间约有1/4英里宽的清澄碧波正从图画中流泻而出。"

　　费正清住在梁思成和林徽因的家里。他说："梁家就在建筑研究所同一院中，而建筑研究所同时也占用国立博物馆的一部分场地。从市镇边沿开始,人们就踏上了环绕水稻田的狭窄的石砌小道。梁家的屋子就在小山脚下几棵大树下面,小山顶上筑有一座瞭望塔,山坡上满是橘子树、柑橘树。四川的地理环境,使这座小城雨水多于阳光,长年累月下来就变得潮湿和肮脏,形成一股潮热和尿臭的气味,像云雾一样弥漫在小城上空,甚而整个四川。白天常常是浮云蔽日,晚间,又通宵飘着连绵细雨。""有12名年轻的制图员在内院一间研究所的大房间里工作。林徽因就住在同一宅院内的另一间大房间里,所以她可以听到院里的所有情况。不过通常是她到了哪里,哪里的工作便得以更快地进展。因此这些年轻人是听的教益多,实际贡献少。"

费正清到李庄不久,就一直发烧,和林徽因的房间只隔了一个大厅。梁思成在两个"病床"之间拿着食物、药品、体温表等,走过来,走过去,忙得分身乏术。

林徽因见到远方的朋友,非常兴奋,虽然还在病中,但还是尽力照顾费正清,这使费正清非常感动。

费正清被林徽因和梁思成的献身精神所感动,他在回忆录里写道:"我为我的朋友们继续从事学术研究工作所表现出来的坚韧不拔的精神而深受感动。依我设想,如果美国人处在此种境遇,也许早就抛弃书本,另谋门道,改善生活去了。但是这个曾经接受过高度训练的中国知识界，一面接受了原始纯朴的农民生活，一面继续致力于他们的学术研究事业。学者所承担的社会职责已根深蒂固地渗透在社会结构和对个人前途的期望中间。如果我的朋友们打破这种观念，为了改善生活而用业余时间去做木工、泥水匠或铅管工，他们就会搞乱社会秩序，很快会丧失社会地位，即使不被人辱骂，也会成为人们非议的对象。"

会面结束了，朋友走了，但是友谊却长存。

1943年，英国驻华使馆战时任科学参赞的英国化学家李约瑟访问李庄，尽管林徽因当时还在卧床休息，但还是接待了这位英国朋友。

二 胜利之后

1945年春天,梁思成被国民党政府任命为中国战地文物保护委员会副主席,负责领导编制一套沦陷区重要文物目录,包括寺庙、宝塔、博物馆等,标在军用地图上,以防止打仗时遭到破坏。这个目录是中英文对照,并附有照片,发给当时仍然在轰炸中国东部省份日军基地的美国飞行员。

1945年抗战胜利后,林徽因与老友沈从文(左一)、金岳霖(右一)等在昆明

这时，梁思成和林徽因想起1942年冬天的一件事。他们住在李庄，有一天，来了一位女士，她叫龚澎，来看望他们，并进行了谈话。其实，她是一个共产党员，是个了不起的人，在重庆，她被指派担任中共驻重庆办事处与外国侨民，特别是与外国新闻界的非正式联络员。

龚澎是1941年初到达重庆的。后来费正清与中共联系上，也就是龚澎去看他的。

龚澎这次看望林徽因和梁思成是周恩来派她来的。

想起这些，梁思成准备了一份目录送给周恩来。

1945年夏天，费慰梅作为美国大使馆的文化专员再次来到中国，与丈夫团聚，与中国朋友重逢。在重庆，费慰梅很快就见到了梁思成，而且梁思成是以副主席的身份接待了她。

重庆的8月热得可以，晚上，梁思成和费慰梅，还有两个中国作家一起在美国大使馆吃晚饭，饭后，他们把藤椅拉到阳台上乘凉，然后一边聊天，一边观赏山城的夜景。梁思成正讲到从前泰戈尔访问北京的时候，突然停了下来，倾耳静听，好像是叫喊声，又好像是欢呼声，夹杂着锣鼓和鞭炮声。发生什么事了？梁思成他们奔到大街上，听到人们在喊：日本人投降了！日本人投降了！到处都是欢呼的人群，他们唱着、乐着，中国人民在8年抗日战争中的牺牲、奋斗，大家度过了多么艰辛的生活！现在终于胜利了，怎不叫人欢欣鼓舞呢！

走吧，赶快回去，与家人团聚。8月中旬，梁思成陪费慰梅搭乘军用飞机飞到宜宾，随即乘小船抵李庄。

躺在床上的林徽因紧紧拥抱着费慰梅，她们有多少话儿要说，又有多少事情要谈。费慰梅看着林徽因，她显得既苍白又衰弱，可是精神很好。她们长谈了几次，互相倾诉着离别之情。费慰梅在回忆录里说："她经历的生活艰辛和病痛深化了她的理解力和感情。我开始想，回顾起我们在北京认识的那些中国知识分子的生活，他们离开中国的实际问题差不多和我们外国人一样遥远。但这些年来一切都改变了。"

朋友一来，林徽因的病似乎好了一半。她决定要出去走走，这是她来李庄后第一次到外边去。林徽因走不动，没关系，坐轿呗。这天，林徽因一个人坐轿，费慰梅在旁边走着，一起到茶馆去。虽然这样做，对林徽因的健康不利，但她心里高兴，看看外面的世界，听听外面的声音，有什么不好呢。回到家后，林徽因真的想了好几天，回味着街上的各种新事物。她每天都要写点东西，或者是建筑方面的，或者是汉代历史的论文。

自从费慰梅带林徽因出去走走后，林徽因自己也寻找机会离开病床。她写信给费正清时说："告诉费慰梅，我上星期日又坐轿子进城了，还坐了再冰的两个男朋友用篙撑的船，在一家饭馆吃了面,又在另一家茶馆休息,在经过一个足球场回来的途中从河边的一座茶棚看了一场排球赛。""头一天我还去了再冰的学校,穿着一套休闲服,非常漂亮,并引起了轰动!但是现在那稀有的阳光明媚的日子消逝了和被忘却了。从本周灰色多雨的天气看,它们完全不像是真的。"

但是她每天还是离不开3件事:病痛、家务和写作。关于健康,林徽因在给费慰梅的信里写道:"使我烦心的事比以前有些恶化,尤其是膀胱部位的剧痛,可能已经很严重。"

林徽因很想到重庆去看望费正清夫妇。

美国方面的美国新闻处给费正清夫妇分了两间房屋,两个人将小房间布置得很漂亮,有床、有椅,还把一张帆布床做成沙发,上面盖上手工制作的毛毯,在墙壁上再挂一幅从西安带回来的唐马大拓片。当1945年11月,梁思成陪林徽因到重庆,进入费家时,他们情不自禁地感叹道:"这简直像走进了一本杂志!"

由于林徽因健康状况不太稳定,所以大部分时间只能待在招待所里。等到林徽因的身体稍微好一点,费慰梅就带林徽因坐她开的吉普车出去玩。有时,带她到郊外的南开中学去接梁从诫;有时,带她到美国大使馆的食堂里去吃饭,与穿军服的美国军官谈话;有时带她去看电影或者是看戏。林徽因对这一切都感到新鲜,在车上,她张大了眼睛到处看,看人们身上穿的衣服，看飞驰的车流，看重庆这个城市的市容。

1945年底，梁思成回到李庄去忙他的营造学社了，林徽因还留在重庆。在这年的年底，美国特使乔治·马歇尔为执行和平使命而到重庆，在美新社总部举行一次招待会，林徽因带着儿子参加了。这次到会的有共产党、国民党，还包括俄国人在内的外交代表，他们中有的是处于敌对立场的，有的是同学，如周恩来和吴国桢是同学，现在都举起杯来祝酒。林徽因注视着这个奇怪的场面。这时，被称为"基督教将军"的冯玉祥走过来，他是被林徽因漂亮的儿子吸引住了，林徽因和他谈了几句，注意力便被共产党的领袖们抓住了。

1945年，美国著名的胸外科医生里奥·埃娄塞尔博士，当时正在重庆中国善后救济总署工作。他得知林徽因的病情后，就赶到林徽因居住的招待所去看她。进行检查后，医生告诉费慰梅，林徽因的两个肺和一个肾都已经感染，最多只能活5年。梁思成听到这个消息后，如五雷轰顶，他不能没有她，他不能失去她，他要想办法救她！

医生和朋友们都没有将真实病情告诉林徽因，她也没有去打听，但她心里很明白，坦然地对待一切。

这时，为了治理长江险滩，重庆和李庄之间的轮船已经停止运行，林徽因不可能再回李庄。

1946年2月,林徽因乘飞机到昆明,与金岳霖、张奚若、钱端升等久别重逢,使她非常高兴。

老朋友们围在林徽因的床边,进行没完没了的谈话。

一开始的时候,林徽因住在张奚若的家里,等她从飞行的旅途疲劳中恢复过来后,才搬到金岳霖为她找的房子里去,他们称它为"梦幻别墅"。到那儿不久,林徽因找了个女仆,她非常满意。

其实,在昆明,林徽因的身体并没有好转,她在1946年2月28日致信费慰梅时说:"甚至比在重庆时更厉害了——一到昆明我就卧床不起。"

但是当时到昆明去是林徽因唯一的办法。

林徽因不是生活在真空中,昆明"一二·一"运动的发生,使林徽因在政治上有了新的认识。1945年11月25日,西南联大、云南大学、中法大学、英语专科学校4所大学的学生自治会联合主办反内战的时事晚会,邀请主张和平、民主、团结的教授讲演。当费孝通讲到一半时,忽然枪声大作,子弹横飞。但4所大学学生自治会准备充分,晚会正常举行。大会在掌声和口号声中通过了《昆明各大学全体同学致国共两党制止内乱的通电》和《呼吁美国青年反对美国政府参加中国内战的通电》。12月1日上午10时,大屠杀开始了,反动派到各大学去,殴打师生，并用手榴弹、手枪对付手无寸铁的群众。他们有的被炸死，有的被打伤，这就是"一二·一"惨案。

1946年6月5日，林徽因举行生日茶会，凡是在昆明的朋友们都来了，茶会开得很热闹。

1946年，由于蒋介石挑起内战，昆明的形势突然紧张起来。7月11日的晚上，中国民盟滇支部负责人之一，社会教育家李公朴和其夫人去看电影回家的途中，被特务枪杀。闻一多得到此噩耗，义愤填膺，拍案而起，怒斥反动派卑鄙无耻。亲友们都劝他躲一躲，但他挺身而出，挑起民盟支部的工作，因为他也是支部的负责人之一。闻一多料理了李公朴的后事，向社会控诉反动派的滔天罪行。7月15日，闻一多也被特务枪杀。7月23日，梁思成与胡适、萨本栋、李济、傅斯年等联名致电闻一多夫人，吊唁闻一多遇刺。

1946年7月31日，林徽因和梁思成一家，及金岳霖等西南联大的教授自重庆乘飞机飞往北平。

三 重返北平

林徽因爱北平,她最美好的青春年华是在这儿度过的,她在这儿创作了诗歌、散文和小说。如今,她回来了,但她已不是10年前的她,北平也不是10年前的北平了,一切都在变,一切都在动,一切都会一去不复返。

1947年,林徽因在女儿梁再冰的陪伴下游览颐和园

第五章 不老的女神

林徽因一家住在清华大学的胜因院12号。这胜因院是教师住宅，为林徽因所设计。在胜因院定居后，在林徽因家里，几乎每天下午都有茶会。常来的有金岳霖、张奚若夫妇、周培源夫妇、陈岱孙，以及清华大学和北京大学的教授们，还有清华大学建筑系的老师。

林徽因家里每天是下午四点半开始喝茶，但金岳霖总是三点半就到了，而且是风雨无阻。他一到就开始为林徽因朗读各种书，其中大部分是英文的，内容有哲学、美学、城市规划、建筑理论及英文版的恩格斯著作等，他俩边读边议论，过了一个小时后，大伙都来了，就开始喝茶。

每次喝茶时，林徽因总是茶会的中心，梁思成则不太说话，注意地听着，偶尔会插上一句幽默的话。林徽因无论谈什么都挺能吸引人，还常常模仿一些朋友的样子，学得惟妙惟肖。

在一次茶会上，林徽因谈到苗族的服装，从苗族的挑花图案说到建筑的装饰花纹，并介绍我国古代盛行的卷草花纹的产生、流传，指出中国的卷草花纹来源于印度，而印度的花纹来源于亚历山大东征。说着她指着沙发上的几块挑花土布说，这是她用高价向苗族姑娘买来的，那原来是要做在嫁衣上的一对袖头和裤脚。忽然她眼睛一亮，看着靠在沙发上的梁思成说："你看思成，他正躺在苗族姑娘的裤脚上。"大家都笑了起来。

在回到北平的这些日子里，林徽因的身体一直不好，病痛没有离开过她，但是她在朋友、同事们的面前，总是谈笑风生。她会见同事、朋友和学生，和他们谈工作、谈建筑、谈文学，谈得兴高采烈，以至于她自己和别人都忘了她还是个病人，一个得重病的人。到了夜晚，她咳嗽、吃药、喝水，她是这样孤苦伶仃，无人帮助，成了一个弱女子。每当晚上发病的时候，林徽因白天就会越显得兴奋，似乎想用这种办法来取得自己精神上的胜利。她在这种情况下写的几首诗，真实地展示了当时的心情。如她写的《小诗（一）》：

> 感谢生命的讽刺嘲弄着我
> 会唱的喉咙哑成了无言的歌。
> 一片轻纱似的情绪，本是空灵，
> 现时上面全打着拙笨补钉。
>
> 肩头上先是挑起两担云彩，
> 带着光辉要在从容天空里安排；
> 如今黑压压沉下现实的真相，
> 灵魂同饥饿的脊梁将一起压断！
>
> 我不敢问生命现在人该当如何
> 喘气！经验已如旧鞋底的穿破，

第五章 不老的女神

> 这纷歧道路上，石子和泥土模糊，
>
> 还是赤脚方便，去认取新的辛苦。

1946年10月，梁思成应耶鲁大学聘请，到美国去讲授中国艺术和建筑，并参加第二年4月普林斯顿大学的"远东文化与社会国际研讨会"。这对梁思成来说是件好事，但是他实在放心不下林徽因。但是林徽因这时却表现出男子汉大丈夫的气概，极力支持丈夫远行。

1949年3月，林徽因与梁思成送女儿梁再冰参军南下前合影

梁思成马上要到美国去了，但是清华大学要创办建筑系，开办新系的许多工作都落到了林徽因的身上，而且她是个没有什么职务的病人。林徽因躺在床上，做了大量组织工作，同教师们建立了友谊，热心地在学术思想上同他们进行了探讨和交流。

林徽因主动担当起指导清华大学建筑系年轻教师的任务，因为梁思成邀请了他当年的得力助手到清华大学来执教，这些人初到清华大学，需要有人指导。林徽因告诉他们说如碰到什么问题可以找她。

梁思成临行前有很多事情要做,他先打电话给妹妹梁思庄，因为她住在北京大学，离清华大学比较近，请她经常来看看林徽因。然后梁思成又准备了许多照片和建筑图片，到美国后可以做成幻灯片，作为上课时的影像资料。其实这些图片资料是《中国建筑史图录》的插图。还带了英文稿子，以简要的文字说明中国建筑史，那是他与林徽因在李庄时写的。

照片和建筑图片，有不少是费正清帮助搞的。当时，费正清"在美国大使馆主管分发缩微胶卷，同时为国会图书馆搜集各种出版物"。这是费正清的"公开宣布的职务"，以这种体面的学者身份掩护费正清的另一项任务，即为了"赢得战争的胜利而搜集日本出版物，并拍成缩微胶卷送回国内，供华盛顿战略情报局使用"。

1946年梁思成出国时，将《中国建筑史图录》的稿子带到美国，因为印刷成本高，一时也找不到出版人。

1947年6月，梁思成意外地接到北平的电报，告知林徽因的病急剧恶化，已侵入肾脏，正考虑做肾切除的手术。梁思成很着急，他把在美国的事情安排好以后，就立即动身回国。在他离开美国的时候他将书里要用的插图交给费慰梅，而把文字稿带走，想在横渡太平洋两星期的轮船上再修改一次，然后再寄往美国。谁知北平解放后中美断绝关系，文稿一直在梁思成的手边，而插图被费慰梅存放在哈佛大学的福格艺术博物馆。20世纪50年代，梁思成辗转写信给费慰梅，希望她把那些图片资料送还给他。费慰梅按照梁思成所说的办法先寄给在英国的一个学生。但是直到1972年梁思成去世时，这些资料还没有到达中国。后来才知道那位在英国的学生到新加坡了。经过一番交涉，这包资料终于到了北京。1984年由美国麻省理工学院出版社出版了《中国建筑史图录》，1991年由北京建工出版社出版了中文版。

其实，梁思成在美国的事情有很多，首先他重温和著名建筑师、城市规划专家克拉伦斯·斯坦因的友谊。梁思成常在他的纽约公寓里做客、过夜。其次，他作为指定的中国代表参加了联合国纽约总部大厦设计咨询委员会。第三，他在1947年4月初作为领导人物参加了普林斯顿大学的"远东文化与社会国际研讨会"以及随后举行的授予他名誉学位的颁奖仪式。

梁思成在美国繁忙的工作中，时刻在想念林徽因，快回去，快回去吧！在1947年仲夏时节，梁思成回到了家中。

1947年夏，梁思成林徽因夫妇（前排左一、左二）、杨振声张奚若夫妇（前排右一、右二）和沈从文张兆和夫妇在颐和园霁清轩

四 手术前后

1947年4月下旬,清华大学举行校庆活动,由于是8年抗战后校友们第一次团聚,因此办得特别的隆重。

1947年9月,梁思成终于踏进了家门,重又成为林徽因的护士和安慰者、知己。这时梁思成的工作非常忙,担任清华大学建筑系的系主任,还有许多社会活动,例如做关于在联合国

1948年,女儿梁再冰参军前,林徽因与女儿及张奚若教授之子女张文朴(前右)、张文英(后中)、金岳霖、沈铭谦、梁思成、母亲何雪媛摄于北平

的咨询工作、美国之行的技术和人文的报告等。但是他总是尽量抽出时间来陪妻子。

梁思成离开美国时，买了许多礼物准备送给亲戚、朋友，还有自己亲爱的太太。过了一段时间后，这些礼物才运到北京。林徽因原本希望得到一些美丽的服装或者纺织品、小摆设等，结果是美国的电子玩意，有录音机、可以拆除的靠垫等。

秋天到了，北京的秋天特别美，气候宜人，枫叶红了，太阳暖暖的，不刺人。林徽因和梁再冰及她的朋友们，一起到颐和园去。林徽因说："在颐和园内，我花了七万元雇了一顶全程游览的轿子直上园后的山顶，那是我最喜欢的地方，有一次陪斯坦因夫妇来过。我们玩得很开心，一夜下雨以后天气好极了，周围能看出好几英里远。孩子们徒步陪着我，高兴得不得了。从他们那里得到那么多的照顾使我感到美极了。老金和思成真好，我们外出一天他们看家……"

本来，林徽因的手术早就要做的，可是她老是有低烧，无法开刀。秋天，林徽因的身体似有所改善，于是，她在1947年10月初，住进西四牌楼中央医院，准备手术切除肾脏。

接着，林徽因又用建筑师的职业眼光来看医院的建筑物，她说："这是早期民国建筑的杰出创造。一座集民国、袁世凯式、外国承包商、德国巴罗克风格于一体的四层建筑！我房间里两扇又高又窄的正式窗户朝向南面，可以俯视前院，由此人们能想见1901年的老式汽车和四轮马车以及民国初年的中国权贵点缀着水泥砌成的巴罗克式的台阶和小径的情景。"

林徽因一直等到1947年12月才做手术。她的希望是渺茫的，心情是恶劣的，在做手术之前，她写了一首诗，题目就叫《恶劣的心绪》：

…………
　　雪花每片对自己和他人都带一星耐性的仁慈，
　　一层一层把恶劣残破和痛苦的一起掩藏；
　　在美丽明早的晨光下，焦心暂不必再有，——
　　绝望要来时，索性是雪后残酷的寒流！

在开刀之前，林徽因心绪不定，她"忧虑"，她"烦扰"，她"感伤"，她"绝望"，连"生活是什么都还说不上来"，她希望"在美丽明早的晨光下，焦心暂不必再有"。林徽因当然知道自己的病有多重，她怕万一发生什么意外，因此，在手术之前还给费慰梅写了诀别信。

结果，手术是成功的。虽然在开刀后的两个月中，林徽因既有寒热，又有输血的并发症。

林徽因的刀口一直没收口，梁思成写信给费正清夫妇，希望能设法买到特效链霉素。到了1948年2月，林徽因的身体逐渐恢复。梁思成写信说：林徽因的"精神活动也和体力一起恢复了，我作为护士可不欢迎这一点。她忽然间诗兴大发，最近她还从旧稿堆里翻出几首以前的诗来，寄到各家杂志和报纸的文艺副刊去。几天之内寄出了16首！就和从前一样，这些诗都是非常好的"。

金岳霖也写信说林徽因的身体好多了，只是"问题在于而且始终在于她缺乏忍受寂寞的能力。她倒用不到被取悦，但必须老是忙着"。

1948年3月31日，是林徽因和梁思成在渥太华结婚20周年。这天，他俩的亲密朋友一起在家中举行茶点庆祝会。

林徽因在会上即席做了关于宋朝都城的报告，在座的各位听了都很惊奇，报以热烈的掌声。而金岳霖却在为林徽因和梁思成的健康担心，林徽因的刀口曾经裂了一个大口子，此刻正在用费正清夫妇带来的链霉素进行治疗。而梁思成从周一到周五都在忙学校的事，"每天的生活就像电话总机一样——这么多的线都在他身上相交"。

林徽因虽然在病中，但是她对戏剧始终抱着很大的兴趣。1948年的一个晚上，清华大学的学生剧团在大礼堂里用英语演出《守望莱茵河》。林徽因也去了，坐在第一排的中间，和她一块儿进来的是梁思成和金岳霖。开演前，梁从诫过来了，怕挡住后面观众的视线，他单腿跪在林徽因的前面，低声地和妈妈说话。林徽因伸出手，亲热地抚摸着儿子的头。她的一举一动都充满了无限的美感和爱意。

1948年的秋天，赵清阁到北京去看了齐白石。9月29日，赵清阁登门拜访了林徽因。林徽因对赵清阁说："这些年来，日与药罐为伴，深居简出，生活几乎与外界完全隔绝。"为此，林徽因感到"精神上非常苦闷"。谈到凌叔华时，她很羡慕凌叔华的出国。

其实，早在1947年，赵清阁就向林徽因约过稿。当时赵清阁正在编《无题集》，是现代女作家专集，除陆小曼外，其他都是文坛上颇有建树的女作家，有冰心、冯沅君、苏雪林、袁昌英、陆晶清、凤子、罗洪、谢冰莹、沉樱、王莹和编者赵清阁自己。这些二十世纪三四十年代的女才子，有的已封笔多年，经赵清阁的再三请求而重新握管，并且成了她们创作上的绝笔，如冯沅君、袁昌英。有的并不写小说，经她的恳约才得到了稿子，如陆小曼的《皇家饭店》。徐志摩飞机失事以后，陆小曼意志消沉，身体也很虚弱。正是赵清阁的诚恳和友谊，使她在病中创作了近两万字的《皇家饭店》，这是陆小曼写的唯一一部小说。可惜的是，赵清阁没有组到林徽因的稿件，因为她正在生病，无法创作。

1948年的年底,林徽因收到费正清的书——《美国与中国》,她写信给他,这几乎是林徽因在中华人民共和国成立前的最后一封信。

林徽因的信写出没多久,北平就解放了,从此,林徽因再也没见到费正清夫妇了。

五　来了一位姑娘

1948年的秋天，林徽因的家里来了一位姑娘，她的身材不高，鹅蛋形的脸上，长着端正的五官，初到陌生人的家里，她显得有些腼腆。这位姑娘就是在1962年嫁给梁思成的林洙。

林洙的第一次婚姻还是林徽因为她操办的呢。当时，林洙收到父母从香港辗转寄来的信，说她一个人在北京他们不放心，让她和程应铨尽快完婚。可是林洙从家里来的时候，只带了几

1950年，林徽因与郑孝燮、周卜颐、王君莲、李宗津等在清华营建系留影

件首饰，现在要结婚了，她准备卖掉这些首饰。这事不知怎么的让林徽因知道了，就对林洙说："营造学社有一笔用来赞助青年学生的专款，你可以用这笔钱。"林徽因见林洙涨红了脸，结结巴巴说不出话，立刻说："你先用，以后再还。"说着硬把存折给了林洙。第二天，林洙到银行里去取钱时，发现上面写着梁思成的名字。后来林洙碰到林徽因时，问起此事，林徽因说："学社的钱当然要用梁思成的名字。"

以后林洙每次要还钱时，林徽因总是把话题岔开。有一次，林洙好不容易找到机会谈还钱的事，林徽因却把手一挥，说："营造学社已不存在了，你还给谁呀？以后不要再提了。"此事一直到"文革"中，林洙才搞清楚，林徽因给她钱的时候，营造学社早就停办了，这些钱其实就是林徽因自己的钱啊！

林洙到了清华大学后的第一件事，当然是去拜访林徽因，可是她听到一个消息，说林徽因刚开过刀，身体非常虚弱，还说她将不久于人世了。在这种情况下，林洙不好意思再去麻烦林徽因了。一直到林徽因听到林洙到了清华大学托人来找她时，林洙才去见林徽因。

那时，林徽因一家住在清华大学的教师住宅区新林院8号。林洙走到那里，发现门口竖着一块牌子，上面写着："这里住着一个重病人，她需要休息，安静。希望小朋友们不要在此玩耍嬉闹。"

林洙犹豫了片刻，最后轻轻地敲了一下门，林徽因家的保姆刘妈出来开门。林洙一进门，就听到里面传出一阵猛烈的咳嗽声。林洙好奇地看着这间装饰得既朴素又高雅的房间，这是一个长方形的房间，一半是餐厅，一半是起居室，靠窗有个大沙发，中间是几个小沙发，书架上有一幅林徽因和她父亲的合影，旁边摆着一些金石佛像等。就在林洙环视四周时，林徽因从卧室里走了出来。她边咳嗽边笑着握住林洙的手，说："对不起，早上总要咳嗽这么一大阵子，等到喘息稍定才能见人，否则是见不得人的。"

当林徽因走出来的一刹那，林洙差点叫了起来——"天哪！我从没有见过比她更瘦的人了。这是和那张照片完全不同的一个人。尽管瘦弱，可她那深深陷入眼窝中的双眼却放射着奇异的光彩，一下子就能把对方抓住"。

林徽因穿着一件浅黄色的羊绒衫，一条米色的裤子，脚上蹬一双驼色的绒便鞋。白衬衫的领子随意地被扣在毛衣内，衬衫的袖口也是很随便地翻卷在毛衣的外面。

林徽因问林洙考大学的事，林洙不好意思地说自己没能考上，觉得数学、化学、语文还可以，最难的是英语。林徽因一听就笑了，说："你和我们家的孩子相反，再冰、从诫他们都是怕数学,你为什么怕英语?"

"我怕文法,我简直搞不清这些文法。"

"英语并不可怕,再冰中学时在同济附中,学德语,英语是在家里学的。学英语就是要多背,不必去管什么文法。我只用了一个暑假来教她。暑假里我只选了一本《木偶奇遇记》做她的课本,儿童读物语法简单,故事也吸引人。她读一段背一段,故事读完了,文法自然理解了,英文也基本学会了。"

接着,林徽因又兴致勃勃地向林洙介绍起北京的历史。她说:"北京城几乎完全是根据《周礼·考工记》中'匠人营国,方九里,旁三门,国中九经九纬,经涂九轨,左祖右社,面朝后市'的规划思想建设起来的。"林徽因看看林洙有点摸不着头脑的样子,便解释道:

"北京城从地图上看,是一个整齐的凸字形,紫禁城是它的中心,除了城墙的西北角略退进一个小角外,全城布局基本是左右对称的。它自北而南,存在着纵贯全城的中轴线。北起钟鼓楼,过景山,穿神武门直达紫禁城的中心三大殿。然后出午门、天安门、正阳门直至永定门,全长 8000 米。这种全城布局上的整体感和稳定感,引起了西方建筑家和学者的无限赞叹,称之为世界奇观之一。"

然后,林徽因又解释道:"'左祖右社'是对皇宫而言,左祖指皇宫的左边是祭祖的太庙。右社指宫室右边的社稷坛(现在是中山公园)。'旁三门'是指东、西、南、北四面城墙各备有3个城门。不过北京只南面有3个城门，东、西、北各有两个城门。日坛在城东，月坛在城西，南面是天坛，北面是地坛。'九经九纬'是城内南北向与东西向各有9条主要街道，而南北的主要街道同时能并列9辆马车即'经涂九轨'。北京的街道原来是很宽的，清末以来被民房逐渐侵占越来越窄了。所以你可以想象当年马可·波罗到了北京，就跟乡巴佬进城一样吓蒙了，当时的欧洲人哪里见到过这么伟大气魄的城市。"

林洙还从来没有听到过这些，情不自禁笑了起来。林徽因继续说："'面朝后市'也是对皇宫而言，皇宫前面是朝廷的行政机构，所以皇宫要面对朝廷。'市'是指商业区，封建社会轻视工商业，因此商业区放在皇宫的后面。现在的王府井大街是民国以后繁荣起来的。过去，地安门大街是为贵族服务的最繁荣的商业区。前门外的商业区原来是在北京城外，因为辽代与金代的首都在现在北京城的西南。元朝的大都建在今天北京城的位置，当然和金的旧都有联系，那时从旧都来做买卖的商人，必须绕到城北的商业区去，所以干脆就在城外集市。北京前门外有好几条斜街，就是人们在新旧两城之间走出来的道路，开始在路旁搭起棚户，慢慢地发展成为固定的建筑和街道。

过去一有战争，城外的人就往城里跑，到了明朝嘉靖年间，为了加强京城的防卫才建了外城。"

停了一会，林洙和林徽因又谈到了颐和园。当时，林洙还没有到过颐和园。林徽因说："颐和园前山太俗气了，颐和园的精华在后山。沈从文现在正住在谐趣园，你可以去找他，请他做向导。"两人谈着谈着，时间悄悄地溜过去了，不着边际的说话往往会过得很快，两三个小时过了，林洙赶紧起身告辞。林徽因说："我也累了，每天下午4点我们喝茶，朋友们常来坐坐，欢迎你也来。"

当时，林洙借住在建筑系的美术老师李宗津的宿舍里，但那是男教工宿舍，很不方便，后来，林徽因亲自去拜访了吴柳生，让林洙住到吴教授家去。

由于清华大学不办先修班，林洙只得自己进行复习，有时还去听梁思成讲的西方建筑史和其他几个教授的课。林徽因知道这些情况以后，决定自己来教林洙的英语，规定每周二、五下午上课。林徽因上课非常严厉，林洙真担心以后免不了会受批评。

林徽因的身体很差，冬天到了，房里得有暖气，因此，梁思成的事就多了起来，每天给林徽因烧暖气，那是很累的活，要往大炉子里添煤、倒炉渣等，掌握好温度，梁思成不敢把这活交给别人去干。另外，他每天定时给林徽因打针，有肌肉注射和静脉注射，梁思成都会。为了让林徽因坐得舒服一些，梁思成给她放了各种各样的靠垫和垫圈。林洙看在眼里，心里在想，梁思成真是个模范丈夫，林徽因嫁给他，好幸福啊！

自从林徽因认识林洙后，家里似乎也更热闹了。那时，文工团经常到大学里去演出，林洙过去从来没有接触过这些描写农民的秧歌剧，觉得很新鲜，到林徽因家里去的时候，就讲给她听。林徽因听得很仔细，还提出问题。有一次，清华大学里演出大型革命秧歌剧《血泪仇》，林徽因得知后，执意要去，梁思成和金岳霖都劝她别去，因为是在冬天，林徽因的身体肯定吃不消。后来没有办法，林洙只得为她留一个位子。结果林徽因没有来。第二天，梁思成告诉林洙：林徽因"从家里出来只走了几步路，就咳嗽喘息不止，只好乖乖地回家躺下"。

林洙经常和林徽因谈戏剧、文学。有一次，她们谈到文工团的演出。林洙说："把它和管夫人（喻宜萱）的演唱相比，它简直不像音乐。但我听了《秋收》和《翻身道情》的演唱后，的确感受到一股强大的新生的力量。"

林徽因听了说："一个文艺作品最重要的是真实，要忠实地反映生活。内容是占首位的，艺术形式是表现内容的手段，是第二位的。当然对于一个文艺作品来说，两者都是重要的，缺一不可。比如某人是著名的诗人、学者,人们很尊敬他,但他写的诗却是:'太阳啊!快快升起来吧!'"林徽因说着自己就先笑了起来:"这近乎叫喊,缺乏诗歌的美,是不是?"林洙连声赞同,说自己不喜欢这种诗,觉得这太像口号,不像诗,最爱沈从文和曹禺的书。林徽因点点头说:"革命文学并非天生就排斥艺术。不能因为它的革命性就用大喊大叫的政治口号来代替,历史上各个革命时期都有优秀杰出的文学作品。你喜欢沈从文的作品,解放区有名的作家赵树理的作品就受沈从文的影响很深。你可以读读他的作品。"

1948年12月13日,解放军进入京郊清华园,进逼北平城。这年12月的下旬,一天深夜,老朋友张奚若带着两位军人来到林徽因的家,原来他们是解放军十三兵团政治部联络处负责人。来人介绍了自己的身份,开门见山地说:"梁教授,我受人民解放军攻城部队的委托,前来向你请教。城里有哪些著名建筑和文物古迹需要保护,请你把它们的位置准确标在这张地图上,以便我军在攻城时避开。"望着解放军头上的红星,听着解放军亲切的话语,梁思成和林徽因不禁感动万分,想想共产党人真了不起,有如此远见卓识。记得从前,他们为了这些古建筑到处奔走,不辞辛苦去研究、测绘,当发现一座有价值的古建筑,就向当地的政府打报告,要求保护这些古建筑,但这一切如黄鹤一去不复还。如今解放军主动上门来请教如何保护北平的古建筑，林徽因和梁思成为共产党对文化遗产如此关注而感到放心。梁思成不仅把北平重点文物的位置准确地标在北平军事地图上，而且拿出了带领学生们收集古建筑文献时记载的《全国建筑文物简目》，把它们一并交给了解放军干部，对他们进行了详细讲解。

于是，那张北平军事地图变成了《北平重点文物图》，在西柏坡，挂在了毛泽东指挥所的墙壁上。随后，毛泽东命令把这幅图交给围城部队，一定要他们注意保护这些重要的文化古迹，部队在进行攻击练习时，一定要对目标计算精确！

在毛泽东的指示下，北京城的全面保护被列为第一项第一级。在攻城的演习训练中，解放军对城内射击目标逐一精确计算，力求勿使炮弹损毁文化古迹。

六 国徽、人民英雄纪念碑

在新生的清华园里,林徽因被聘为建筑系一级教授。

1949年7月,全国政协为即将诞生的中华人民共和国征求国徽图案。林徽因和梁思成负责主持清华大学设计组。

林徽因和梁思成回到清华大学后,立即组织建筑系的教师

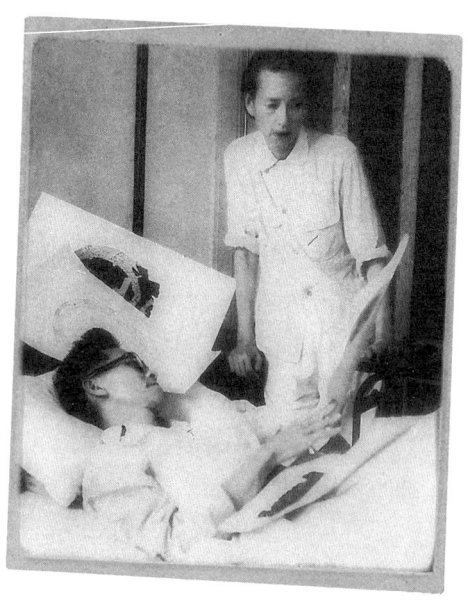

1950年,病中的林徽因、梁思成在讨论国徽设计方案

莫宗江、汪国瑜、朱畅中、胡允敬、张昌龄、李宗津等人一起设计。不久，梁思成被聘为国旗、国徽评选委员会顾问，林徽因当然是全力协助梁思成。

征稿结束时，所收设计稿都未被选用，正协筹委会决定把设计图徽的任务交给清华大学和中央美院。

那时，梁思成几乎天天要进城去工作，有一天，他带回来一本《国徽图案参考资料》，那是评委们从应征的图案中选出来的。那里面有的是模仿外国的，特别是社会主义国家的国徽，有的是花花绿绿很不严肃。林徽因一面翻阅，一面和大家讨论着。忽然一幅图案引起大伙的注意：它的右上角画了个红太阳，下面是蓝色的海洋，两只海鸥在飞翔。林徽因一看就说："天哪！这简直就是阴丹士林布的商标。"不知是谁说了句："七折大拍卖！"

接着，林徽因就和大家讨论商标和国徽的区别在哪里，谈了许多精辟的见解。后来林徽因还组织大家讨论国徽的民族特色等问题。梁思成发表了几点意见。他说："第一，国徽不是一张图画，更不能像风景画。长城也好，天安门也好，中国人能画，外国人也能画。国徽主要表示民族的传统精神，所以我们的任务是要以天安门为主体，而不要成为天安门的风景画，外加一圈，若如此则失去国徽的意义，以天安门为主体须把它程式化，而绝不是风景画；第二，国徽不能像商标，国徽与国旗不同，国旗是什么地方都可以挂，但国徽主要是驻国外的大使馆悬挂，绝不能让它成为商标，有轻率之感；第三，国徽必须庄严，欧洲十七、十八世纪的画家开始用花花带子，有飘然之感，我认为国徽必须是庄严的，最好避免用飘带，颜色也不宜太热闹庸俗，没有庄严感；第四，要考虑到制作，太复杂的图案在雕塑上不容易处理，过多的颜色大量制作时在技术上也存在困难，十几种乃至几十种颜色无法保证它每次都绝对相同。"

林徽因主张放弃多色彩图案结构，用金红两色，使之具有鲜明的民族特色。

那一年，林徽因和梁思成的身体都不好，常常是轮流生病。可是他们还是和大家一起定方案、画图，整夜地工作。林洙说："我每次去梁家都看到屋子里铺天盖地地摆满图纸。林徽因半卧在床上，伏在一个特制的能在床上用的小几上画图。累了就往后一躺。她见到我，总是对自己的狼狈状态说几句自嘲的笑话。"

不知经过多少昼夜的思考、试作和讨论，终于定下了国徽的图案。图案的中央部分，下方是金色浮雕天安门立面图，象征五四运动发源地和在此宣告中华人民共和国的诞生。天安门上方画金色五星，表示革命和工人阶级领导的政权，图案外圈环以稻麦穗，下端用绶带绾结在齿轮上，象征工农联盟。

评选方案那天，林徽因夫妇都病倒了，他们请兼秘书的朱畅中去参加。

评选会在中南海怀仁堂举行。一边是清华大学的方案，一边是中央美术学院的方案，二者只能择一。评委们对两套方案各执己见，无法统一。这时，周总理征求李四光的意见。李四光认为：清华大学的方案有气魄，而且非常具有中国特色。于是，周总理投了清华大学一票，并建议将图案中的稻穗向上挺一些，以便表现出时代的风貌，造型上也更美观些。周总理还说，1942年冬天，在宋庆龄欢送他回延安的茶会上，桌上就摆着重庆郊区农民送来的稻穗。宋庆龄说稻穗比金子还宝贵，因为中国百分之八十的人口是农民，如果年年五谷丰登，人民便可丰衣足食了。当时周总理说，等到全国解放后，把稻画到国徽上去。不想，清华大学的方案上就选择了稻穗作为绶带，这或许是一种惊人的巧合吧。

1950年6月23日，召开全国政协一届二次大会。在毛主席的提议下，全体代表以起立的方式，一致通过清华大学设计组的国徽方案。林徽因是特邀代表，她看着台上，听着，想着，心神震荡，就像充满了雷电的云层在打闪前颤动一样。此时林徽因已经病弱到几乎不能从座位上站起来了。她在国徽的设计中,倾注了全部心血,表现了她对祖国的赤诚之心,拳拳之爱。

1949年9月30日下午,中国人民政治协商会议一致通过了建造人民英雄纪念碑的提案,并通过了纪念的碑文。1952年5月,人民英雄纪念碑兴建委员会组成,梁思成负责建筑设计专门委员会,林徽因担任委员。这是林徽因在生命的最后时刻参与的一项重要工作。她和梁思成一起,曾为坚持民族形式问题做过一番艰苦的斗争。

林徽因在当这个委员时,可不是君子动口不动手,而是实干家。

除了搞这些组织工作外,林徽因亲自为碑座设计了全套饰纹。为了这个设计,她曾经对世界各地区、各时代的花草图案进行了反复对照、研究,对笔下的每一朵花、每一片叶,都描绘过几十次、上百次。梁从诫回忆道:"我还记得那两年里,我每次回家都可以看到她床边的几乎每一个纸片上,都有她灵感突来时所匆匆勾下的某个图形,就像音乐家们匆匆记下的几个音符、一句旋律。"

后来,林徽因选择了以橄榄枝为主体的花环设计,以分别象征着"高贵""纯洁"和"坚韧"的牡丹、荷花和菊花为装饰。须弥座正面设计为一主两从三个花环,侧面一只花环,同基座的浮雕相辉映,把英雄的乐章推向高潮。

七 保护老城墙

1950年,林徽因被任命为北京市都市计划委员会委员兼工程师。她与梁思成等主张北京的建设,应该保存古城面貌,反对拆毁城墙、城楼和某些重要古建筑物,设想修建"城墙公园"。

林徽因在《谈北京的几个文物建筑》中说:

北京是中国——乃至全世界——文物建筑最多的城市。城中极多的建筑物或是充满了历史意义,或具有高度艺术价值。

20世纪50年代初,梁思成与林徽因

现在全国人民都热爱自己的首都,而这些文物建筑又是这首都可爱的内容之一,人人对它们有浓厚的兴趣,渴望多认识多了解它们,自是意中的事。

林徽因在《我们的首都》里又介绍道:

我们的首都是这样多方面的伟大和可爱,每次我们都可以从不同的事物来介绍和说明他,来了解和认识他。我们的首都是一个最富于文物建筑的名城;从文物建筑来介绍他,可以更深刻地感到他的伟大与罕贵。

接着,林徽因介绍了北京的中山堂、北京市劳动人民文化宫、故宫、北海公园、天坛、颐和园、天宁寺塔、鼓楼、钟楼和什刹海、雍和宫等。

早在1949年1月,在傅作义召集北平学者名流开会时,徐悲鸿说:"北平是一座闻名世界的文化古城,这里有许多宏伟的古代建筑,……希望傅作义将军顾全大局,服从民意,使北平免于炮火摧毁。"康有为的女儿康同璧慷慨陈词:"北平有人类最珍贵的文物古迹,这是无价之宝,绝不能毁于兵燹。"

到了最后,梁思成和林徽因得知保护不成的时候,还发出呼喊希望能保住北京城的城墙和城楼,建议建造一个世界上最特殊的公园——一个全长达39.75公里的立体环城公园。城墙上面，平均宽度10米以上，可以砌花池，栽植丁香、蔷薇一类的灌木，或者铺些草地，种植花草，再安放些椅子。夏天，可以供10万人纳凉；秋天，可以登高眺望。

1953年的夏天，陈从周和刘敦桢到北京，去看望林徽因和梁思成，并在他们的家里吃饭。林徽因的身体不是很好，但她仍然自己下厨，为客人炒菜。第二天晚上，郑振铎以文化部和文物局的名义，请陈从周等在欧美同学会聚餐，在座的有林徽因、梁思成、刘敦桢，还有北京市副市长吴晗，都是考古与古建筑界的知名人士。那天晚上，主要谈文物保护工作。大家发言很热烈，郑振铎呼吁：推土机一开动，我们祖宗遗留下来的文化遗物，就此寿终正寝了。林徽因的感情更冲动了，她指着吴晗的鼻子，大声谴责，虽然那时她的肺病已很重，喉音失嗓，然而在她的神情与气愤中，真是句句是深情。林徽因生长在北京，又与梁思成长期外出调查古建筑，她对古建筑是处处留恋，一砖一瓦都滴过汗。她这种难以遏止的声色，在座的都很同情她，钦佩她。

1954年，林徽因已经病得很重，仍然拖着颤巍巍的身子去找当时的北京市委当面辩论，要阻止当局拆掉北京的老城墙。研究了一辈子的古建筑，老城墙在林徽因的一生中，是具有特殊地位的。她对他们说："你们拆的是具有八百年历史的真古董，将来，你们迟早会后悔，那个时候你们要盖的就是假古董！"

梁从诫后来回忆道："在她已经病得几乎走不动的时候还能有那么大的勇气去做这件事，唯一的解释就是她的社会责任感及历史责任感在支持着她，她认为自己不可能做对不起民族及子孙后代的事。"

八　景泰蓝啊景泰蓝

在林徽因病重的时候，她还做过不少有意义的事情。例如，拯救景泰蓝。

几百年来，北京的景泰蓝在国内外享有崇高的声誉，曾在1904年美国芝加哥世界博览会和1915年巴拿马万国博览会上，两次获奖。要保持和发展具有世界传统称号的景泰蓝，不在工艺上继承并创造特色是不成的。

1953年，林徽因为人民英雄纪念碑设计的雕刻装饰
林去世后，梁思成将其嵌在她的墓碑上

当时景泰蓝由于造型庸俗，色彩单一，图案烦琐而濒于停产。林徽因对此事给予了极大的关注，在梁思成的陪同下，带着几位年轻的工艺美术工作者，多次跑到景泰蓝工厂去调查、了解制造景泰蓝的工艺程序及材料特点。她看了景泰蓝的设计、打胎、掐丝、点蓝、磨光到成品的全过程。要知道，那时医生们一次又一次地向她发出病危的"黄牌"警告。林徽因的肺已经布满了空洞，结核菌从肺扩散到肾、肠。一天吃不了二两饭，睡眠不到五个小时。可是，林徽因以惊人的毅力研究了我国历代传统图案，设计出适合景泰蓝的工艺造型和图案配色，还亲自到作坊去指导工人烧制样品。

一件件美丽的景泰蓝出来了，苏联著名的芭蕾舞演员乌兰诺娃到中国来访问演出时，当她接过林徽因设计的景泰蓝礼品时，高兴地说："这是代表新中国的新礼品，真是美极了！"

在林洙的书桌上还放着两个林徽因亲自设计的景泰蓝，"它们的造型有点像出土的殷商彩陶罐。下半部是素雅的浅驼色，上半部在黑底上嵌有钢丝和赭色图案的花纹。造型优美，图案简洁典雅，带有浓厚的民族风格"。

林徽因在抢救景泰蓝的过程中，为工艺美校培养了两名研究生。可惜的是，她的试验在当时的景泰蓝行业中未能推开，她的设计被采纳的不多，市面上的景泰蓝仍然维持着原来那种陈旧的图案。直到20世纪80年代，景泰蓝才有了新的突破，北京市华艺景泰蓝总厂工艺美术师张同禄设计的景泰蓝《华冠万年灯》，在全国工艺美术"百花奖"评比中，获得优秀创作设计一等奖。1987年，张同禄赴匈牙利参加第13届国际珐琅艺术沙龙创作活动。他设计、制作的景泰蓝《百花丛中古长城》《喜悦》《流云古迹》，被评为国际珐琅艺术沙龙珍品，并被收藏长期展出。如果林徽因得知这个好消息，一定会很高兴的。

九 骄傲的女神

1954年6月,林徽因当选为北京市第一届人民代表大会的代表。到了秋天,枫叶红了的时候,林徽因的病情恶化,完全不能工作。冬天来了,林徽因一度移居北京城内,因为原来准备的房屋尚未就绪,暂时住在陈占祥的家里。年底,林徽因病危,住进了同仁医院。

林徽因每天在床上艰难地咳着、喘着,常常整夜不能入睡。她的眼睛虽然仍是那样深邃,但眼窝却深深地陷下去,全身瘦得叫人害怕,脸上没有一点血色。

1955年1月,梁思成也住进了同仁医院,与林徽因的病室仅隔了一堵墙。每当梁思成的病势稍微好一点,他就到妻子的床边陪着。但林徽因此时已经衰弱得说不出话来了。

看着妻子消瘦的脸庞,梁思成的心就像刀割一样难受。他明白妻子的价值,明白她在自己心中的位置。如果把家比作一条小船,少了一个划桨的人,小船就无法划得又快又稳。在生活中,怎么能没有她呢?梁思成后来曾经对林洙说过:"林徽因是个很特别的人,她的才华是多方面的。不论是文学、艺术、建筑乃至哲学,她都有很深的修养。她能作为一个严谨的科学工作者和我一同到村野僻壤去调查古建筑,爬梁上柱,测量平面,做精确的分析比较;又能和徐志摩一起,用英语探讨英国古典文学或我国新诗的创作。她具有哲学家的思维和高度概括事物的能力。""所以做她的丈夫很不容易。中国有句俗话'文章是自己的好,老婆是人家的好',可在我来说是'文章是老婆的好,老婆是自己的好'。我不否认和林徽因在一起有时很

晚年的林徽因

累,因为她的思想太活跃,和她在一起必须和她同样反应敏捷才行,不然就跟不上她。"

1955年3月31日深夜,林徽因要护士把住在隔壁的丈夫叫过来,她有话要对他说。护士说已经很晚了,有话明天再说吧!可是第二天凌晨林徽因就去世了,她最后想对丈夫说什么话,无人知道。也许想告诉他关于建筑方面的事,也许想说两个孩子的事,也许想说金岳霖的事。也许……这是个永远的谜!

1955年4月2日,《北京日报》《人民日报》同时刊登讣告。治丧委员会成员是:张奚若、钱端升、薛子正、周培源、柴泽民、钱伟长、陈岱孙、崔月犁、金岳霖、杨廷宝、赵深、吴良镛、陈占祥。

4月3日上午,借北京金鱼胡同贤良寺举行追悼会。当梁再冰代表家属向同仁医院的大夫和护士致谢,感谢他们为挽救她母亲的生命做出最大的努力时,已是泣不成声,会场响起一片抽泣声。这是大家对林徽因的爱的表露,这是感情、动情和真情。

追悼会上,当时的北京市市长送来了花圈。在众多的挽联中,老友金岳霖取典于林徽因诗作的挽联引人注目:"一生诗意千寻瀑,万古人间四月天。"

北京市人民政府把林徽因的遗体安葬在八宝山革命烈士墓。纪念碑建筑委员会决定,把林徽因亲手设计的一方汉白玉花圈刻样移作她的墓碑，上书："建筑师林徽因之墓"。墓体由梁思成亲自设计，以最朴实、简洁的造型，体现了他们一生追求的民族形式。这座墓位于八宝山西北隅，在绿荫和芳草之中映照着生命的永恒。

后来，在"文革"中，"建筑师林徽因之墓"几个字被砸掉了。至今，还是个无字碑。